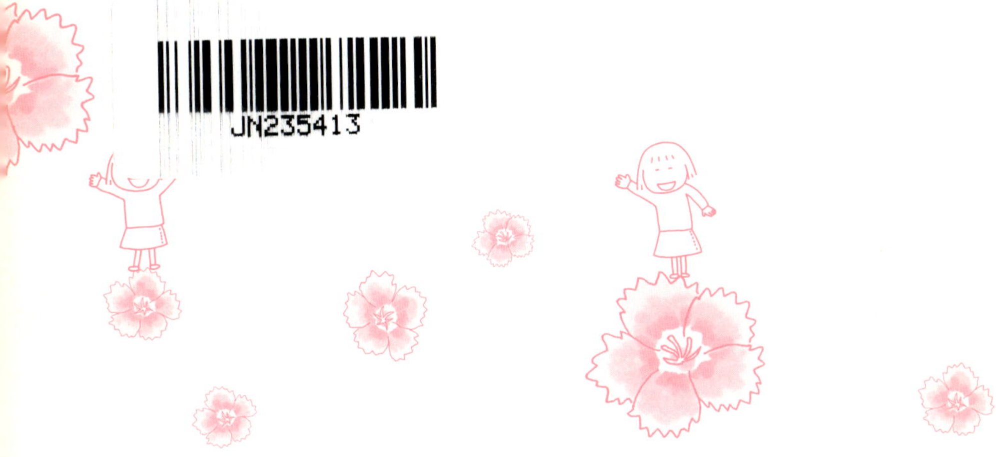

アジアで花咲け！
なでしこたち

たかぎなおこ
＆NHK取材班

平穏な毎日を送っている私の元に…
ぼけ～
ある日NHKさんより「アジアで活躍する若い日本女性を紹介するドキュメンタリー番組内でルポ漫画を描いていただけませんか?」という依頼がありました
えっ テレビ…?
ア… アジア…?
わっ 私なんて まったく国際派ではないし…
英語すらしゃべれないし
おろ おろ
テレビも怖いし…
自分を主人公にしたお気楽な漫画しか描いたことがないし む…無理ですよね?
ねっ ねっ!?
う～ん…
おもしろそうな話ではありますけどね～
担当さん's
これは丁重にお断りせねばと思ったのですが…
後日とりあえず説明会が行われることになりました
NHKのプロデューサーさん
ディレクターさん
はじめまして～
ひ～
そして主人公の女性たちの経歴をざっと聞いたのですが…
この方は起業をするために27歳で海外に移住されて…
えっ 20代で起業!?
こちらの方は現在会社の社長になられてまして…
えっ しゃ…社長!?
み…見える… もしこの仕事を受けた場合の…
ご質問は?
あ～ あの～
ビク ビク
そしてこちらの方は～
びびりまくってる自分の姿が…

さらにスケジュール的にもかなりタイトで…
本当はたかぎさんに現地まで行っていただくのがいちばんいいのですが…
もしそれがきびしければスカイプを使って交流していただいてもかまいません
ス…スカイプ…!!
ばーん
ご質問は？
ひ〜
あうあう〜
み…見える…もしスカイプを使った場合の…
（以下略）
私はスカイプが大の苦手
そんな自分とは全然タイプのちがう立派な女性を取材して…
それを漫画に描くだなんてこの気の弱い自分には絶対無理!!
うおー!!
無理決定!!
と思ったのですが…
やはりこういった番組ですと〝わ〜海外で活躍しているすごい人だなぁ〜〟という感じで…
視聴者から見て遠い存在のままで終わってしまいがちなんです
そこでたかぎさんから見て感じられた素朴な疑問や驚きをそのまま描いていただいて…
彼女たちと視聴者のいわば橋渡しのような存在になっていただけたらと思ってるんです
私のそんな性格をちゃんと理解してくださったうえでのお話で…
…
そ…そうだよな…別に解説漫画を描けというわけではなく…
本当に思ったことをそのまま描けばいいんだよな…
と思ったのと…

今回の主人公に選ばれたのは20～30代の女性…
いわゆるロスジェネ世代
一応 自分もその対象に入るひとりとして…
37歳
同じような女性が海外で奮闘してるというのに…
むむむ…
私はそれを漫画に描くだけで怖いだの無理だの…
とも思い…
みなさんの経歴書
ブルブル
わっ わかりました思いきってチャレンジしてみようかと思います!!
おおっ!?
スケジュールがきつめでもかまわないので取材は現地まで行きたいです!!
スカイプが嫌だから
自分でもびっくり お引き受けすることに…
や～正直たかぎさんお断りするかと思ってました
私もびっくりしました～
まさかでしたね～
よく決心を～
担当さんもびっくり
まあでも私だって絵で仕事がしたいと一世一代の勇気を振りしぼって24歳で三重から単身上京し…
ふふ…
思いっきり国内移動だけど…
いまはそれで仕事ができてるいわば起業家（?）のひとりではないですか…
なにもそんなびびることもないはず!!
私の好きな言葉
なんとかなる
ぐっ

今回それぞれの国をそれぞれの取材班が
ほぼ同じ時期に撮影を行っていて
その国までは自力で移動しなくては
ならなかったのですが…
日本
中国 取材班
カンボジア 取材班
ベトナム 取材班
東ティモール 取材班
フリー移動区間
ひとりじゃあまりにも危なっかしいので
担当さんも同行してくれることになりました
スケジュールの都合上 ベトナムは まっださん
カンボジア 中国 東ティモールは かとうさん
※基本的に 本編の漫画には 登場しません
各国を2〜3日で駆け巡るうえに
乗り継ぎも多いハードそうなスケジュール
でしたが…
わ〜バリ島と シンガポールでの 乗り継ぎもある〜
何回飛行機を 乗り降りするんだ?
途中で遅延とか 欠航とかあったら 怖いですよね〜
5…6… 7… 8…
行程表
まあでもどこも
初めて行く国だし…
アジアは 韓国と台湾しか 行ったことない
ぼ〜
どんな国 なんだろ…
メルパチ航空だなんて 初めて聞いた〜
大丈夫 かな〜?
仕事で行くとはいえやっぱり
ちょっとわくわく
ガイドブックは 買っといたほうが いいですかね〜?
自由時間 あるかな〜?
どこの国の 料理が おいしいですかね〜
ベトナム 行ってみたかった んだ〜
さあ そんなわけでみなさんも
ご一緒にドキドキしながら
なでしこさんたちに会いに
行ってみましょう〜!!
な
こちらから どうぞ〜

Tokyo, JAPAN
アジアで花咲け！
なでしこたち
もくじ
ナビゲーター
たかぎなおこ
です。

第3話 中国 深圳《しんせん》編…055
中国で
水を売りまくれ
熨斗麻起子《のしまきこ》さん
第2話 カンボジア編…031
地雷の村を
ハーブで変える
篠田《しのだ》ちひろさん
Shenzhen,
CHINA
第1話 ベトナム編…009
ベトナムで
“龍馬”になる
藤井悠夏《ふじいゆか》さん
Siem Reap,
CAMBODIA
Ho Chi Minh,
VIETNAM
第4話 東ティモール編…079
明るく ゆるく
がんばって
丹羽千尋《にわちひろ》さん
Dili,
EAST TIMOR

「なでしこ」の な
「なおこ」の な
な
「なんとかなる」の な

第1話 ベトナム編

ベトナムで“龍馬”になる

藤井《ふじい》悠夏《ゆか》さん

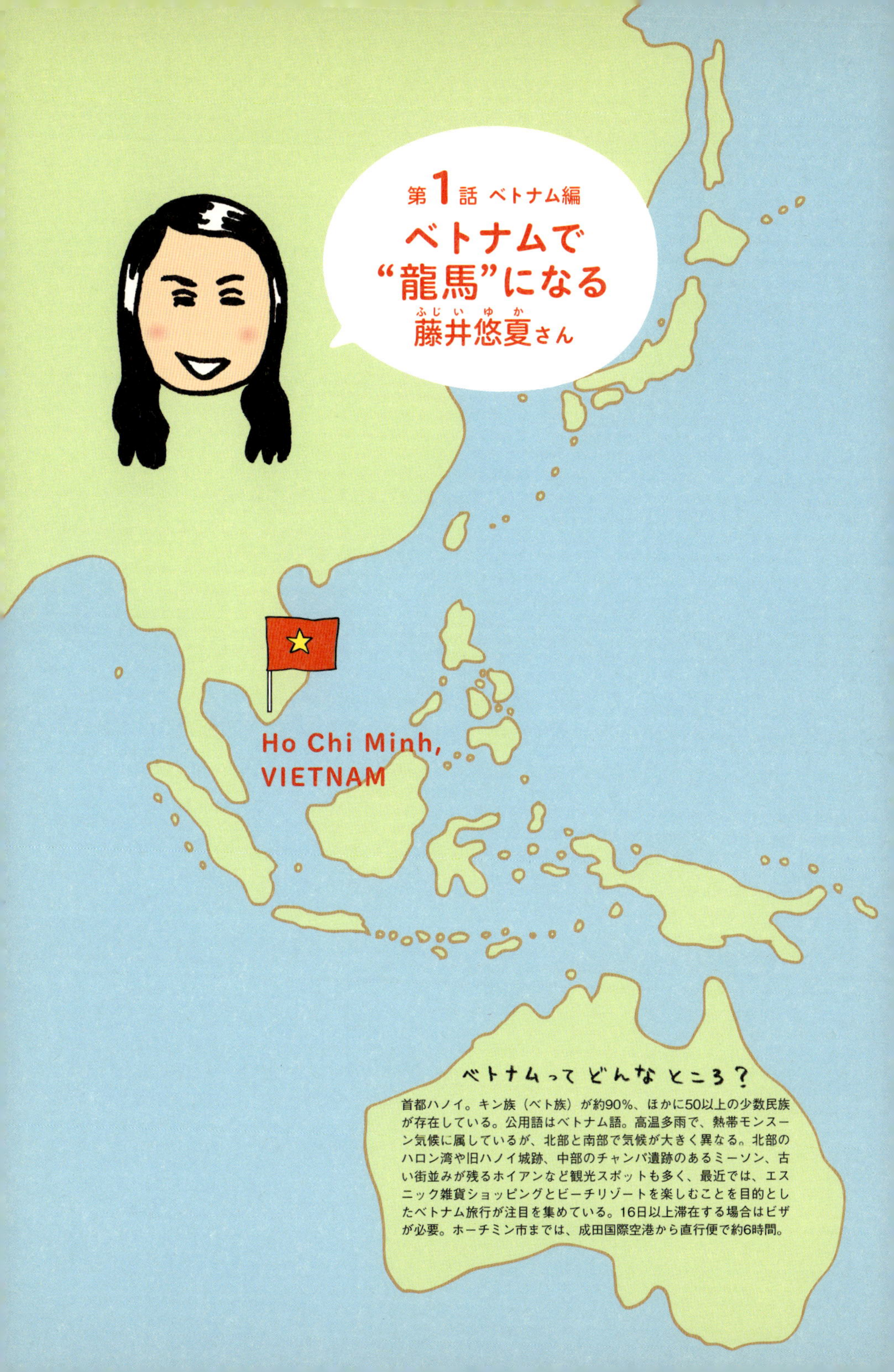

ベトナムってどんなところ?

首都ハノイ。キン族（ベト族）が約90%、ほかに50以上の少数民族が存在している。公用語はベトナム語。高温多雨で、熱帯モンスーン気候に属しているが、北部と南部で気候が大きく異なる。北部のハロン湾や旧ハノイ城跡、中部のチャンパ遺跡のあるミーソン、古い街並みが残るホイアンなど観光スポットも多く、最近では、エスニック雑貨ショッピングとビーチリゾートを楽しむことを目的としたベトナム旅行が注目を集めている。16日以上滞在する場合はビザが必要。ホーチミン市までは、成田国際空港から直行便で約6時間。

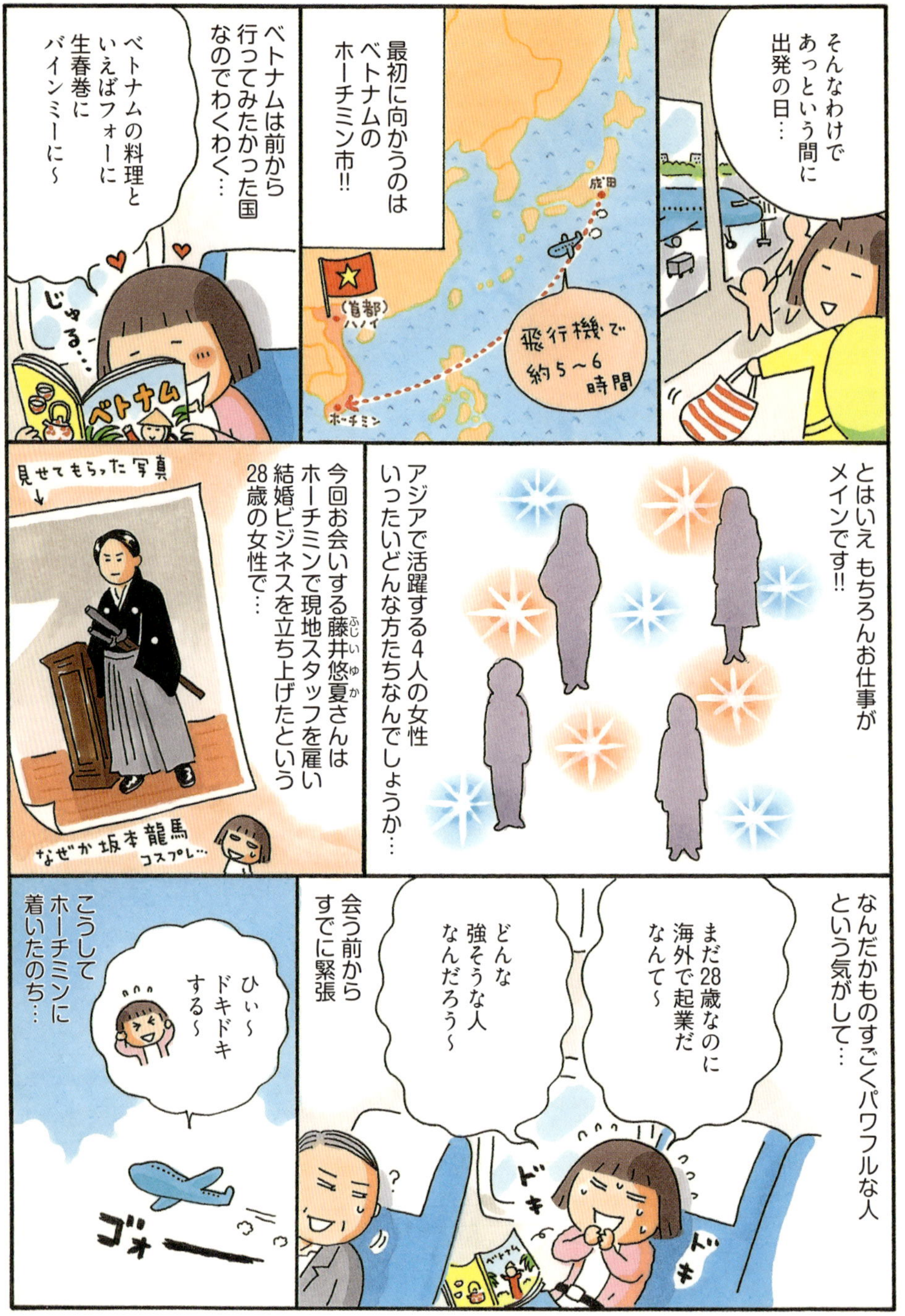
そんなわけで
あっという間に
出発の日…
最初に向かうのは
ベトナムの
ホーチミン市!!
成田
(首都)
ハノイ
ホーチミン
飛行機で
約5～6
時間
ベトナムは前から
行ってみたかった国
なのでわくわく…
ベトナムの料理と
いえばフォーに
生春巻に
バインミーに～
じゅる…
ベトナム
とはいえ もちろんお仕事が
メインです!!
アジアで活躍する4人の女性
いったいどんな方たちなんでしょうか…
今回お会いする藤《ふじ》井《い》悠《ゆ》夏《か》さんは
ホーチミンで現地スタッフを雇い
結婚ビジネスを立ち上げたという
28歳の女性で…
見せてもらった写真
なぜか坂本龍馬
コスプレ…
なんだかものすごくパワフルな人
という気がして…
まだ28歳なのに
海外で起業だ
なんて～
どんな
強そうな人
なんだろう～
会う前から
すでに緊張
ドキ
ドキ
?
こうして
ホーチミンに
着いたのち…
ひぃ～
ドキドキ
する～
ゴオーー

さっそくオフィスを訪問して藤井さんとご対面
パッと見はやはりまだお若いお嬢さんという感じでしたが…
はじめまして〜
2011年6月 ふと思い立ってやって来たベトナムにビジネスチャンスを感じ…
ブブ〜ン
ビビッ
その2カ月後にはホーチミンに移住していたというスピーディな女性
起業!!
ビ…ビジネスチャンス…
ってなんだ?
ああ ベトナム料理はおいしいし 雑貨もかわいいし この国に住みた〜い
Phở
こういうビビッをイメージしてた
でも見知らぬ国に住むことに不安はなかったのですか?
そんなすぐに…
私 坂本龍馬を尊敬してまして…
目の前に壁があったら突き破ってみたいタイプなんです
ベトナムコーヒー
ベトナムの女性をもっと輝かせることに自分の使命を感じました!!
おお〜っ
座右の銘
世に生を得るは事を為すにあり
「竜馬がゆく」より
だから龍馬コスプレだったのか…
そしてこの日は結婚式場に営業に行かれるとのことで私も同行させていただきました
ガヤ
ガヤ
ガヤ
ガヤ

ベトナム人の支配人を相手に商談を繰り広げる藤井さん
ペラペラ
英語
部下の女性が通訳
かっこいいなあ…
言葉や文化の違う人を相手に仕事をするのはどのくらい大変なことなのでしょうか…
その間 この式場で行われていた結婚式も見学させていただきました
ガヤガヤ
わ～ベトナムの結婚式～
わくわく
式場に入ってみてまず驚いたのがその人数の多さ
ステージはるか遠く
ガヤガヤ
わっ
この会場の出席者はなんと約600人!!
でも普段着っぽい服装の人や気ままに遅刻してくる人がいたりと自由な雰囲気です
それぞれのテーブルで盛り上がっている
ガヤガヤ
おほほ
そしてベトナムは先祖や親族を尊重するお国柄だそうで…
新郎新婦
その両親
わー
パチパチ
両親大注目…
新郎新婦と両親が入場するときは拍手喝采!!
でもそのあとはバンドの演奏やカラオケが延々と続いてやはりゆるいムードです
ガヤガヤ
わはは
きゃー
走りまわる子ども
両親への手紙とか友人のスピーチとかはないのかな…
やっても聞いてなさそうだけど…

そうしているうちに長丁場の商談を終えた藤井さんが出てきました
手応えがあったようでいい笑顔です
おつかれさまー
この日は土曜日だったこともあってか街のあちこちで結婚式が行われてました
あっ ここでも結婚式やってますね
むっ なにやらあそこは花嫁がいっぱい…？
ワー
実は介添人たちのコスプレ演出だそう
いままで式場の情報媒体が少なくてなんとなくで選ぶ人も多かったそうなのですが…
私はそういう人たちの選択肢を増やす手助けをしたいのです
近くの式場だから〜
親戚が挙げたところだから〜
こんな式場が〜
こんなサービスが!!
いまのプロジェクトは2年以内に軌道にのせたいと思ってます
そしてスタッフたちも仕事を覚えてどんどん育っていけばそれがベトナムの発展へとつながります
ブロロ…
仕事をするとき私はいつも楽しい気持ちでいたいんです
わくわくする気持ちが原動力なんです!!
そう話す藤井さんの熱いまなざしは…
まだまだはるか遠くを見据えているようでもありました
どーん
あっぱれ!!

ところでそんな藤井さんは普段どんな生活をしているのでしょうか…
マンションの18F→
おじゃましまーす
わ～広くて素敵なお部屋
いい眺め～
ソファもかわいい♡
家具は最初からついていたものです
ちょっと手を洗わ…
わっ蛇口がグラグラ!!
お気になさらず
それ最初から壊れてたんです
ひー タオルかけ取れちゃった!!
グキッ
でも造りはやや甘め…？
そして冷凍庫の中には大量の納豆が!!
父が様子を見に来たとき持ってきたんですよ～
そんなに納豆食べないのに～
ううっ親心ですな～
この日は藤井さんの仕事仲間でもあるベトナム人のユミさんがごはんを作ってくださることになり…
ユミさん
日本で暮らしたこともありベトナム語、日本語、英語が堪能
スーパーへ食材の買い出しに行きました
見たことのない野菜がいっぱい…
どうやって使うんだ？
6.900
4.900
1Fスーパー

慣れない異国の暮らしも頼れる人がそばにいてくれると安心ですね
すご〜い 野菜いっぱい!!
ふふふ 私 葉っぱものが大好きなんです
そして部屋に戻ってユミさん主導でごはん作り
こんなふうに生春巻きを巻いていってね
くる くる
お母さんっぽい
え〜 そんなきれいに巻けるかな〜
仕事のときはクールな感じですがユミさんの前だとなんだかちょっとかわいい藤井さん
私もちょっとお手伝い…
それはミルクフルーツといって指で押すとおいしくなる果物です
押し係
ぎゅっ ぎゅっ
こうしてでき上がった料理は野菜たっぷりでとてもおいしかったです
わ〜い 生春巻き〜
生春巻きって具はなんでもいいしけっこう簡単に作れるんですよ
よかったらごはんもありますよ
普段は「ほぼ寝に帰るだけ」という忙しい毎日を送ってらっしゃる藤井さん
あ〜家でこんなゆっくりごはん食べたの初めて〜
韓国のりも開けちゃおう〜
私なんてしょっちゅうダラダラしてるなぁ…
おうち大好き♥
急成長するベトナムの街と藤井さんの湧き上がる熱気は…
わっ ミルクフルーツとろとろだ〜
私もこれ好きなんです♥
おいしい!!
どことなく似ているな〜とも思ったのでした

ベトナムの結婚式は超ド派手。この式には600名が参列!

熱気あふれるホーチミンは、バイクも車もいつもぎっしりです!

リクルート勤務時代の藤井さん。売れっ子営業マンでした。

ベトナムのなでしこ藤井悠夏さん。大きな瞳が印象的な女性です。

ベトナムではまだ珍しい ブライダル情報サイトをオープン!

ベトナム国民の平均年齢は28歳。ベトナム戦争の後に生まれたベビーブーム世代が今、結婚適齢期を迎えています。これまでブライダル情報誌や専用サイトが充実していなかったベトナムで、若いカップルたちの選択肢を増やすお手伝いがしたい。そう考えた藤《ふじ》井《い》悠《ゆ》夏《か》さんは、2011年単身ベトナムへ渡り、現地のIT企業の支援を取りつけて、式場やドレスショップ、写真館などさまざまな情報を提供する、ベトナムではまだ珍しい結婚式情報サイトを立ち上げました。

そして、単に情報を載せるだけでなく、広告宣伝やマーケティングの手助けをして、ブライダル業者から報酬を受け取るというビジネスを展開させています。

「ベトナムのブライダル事情は、これからが変革の時期。その変化の兆しをとらえて、圧倒的なマーケットリーダーを目指します」

学生時代からビジネスに興味を持ち、広告を集めてフリーペーパーを制作したり、女子大生サークルを運営するなど、精力的に活動を続けてきた藤井さん。

卒業後はリクルートに入社して、ブライダルカンパニー(「ゼクシィ」)の首都圏営業配属に。社内で表彰されるほどの成績を納めましたが、「ビジネスの仕組み、スキルを体に叩き込んで3年で辞める」という入社当時からの決意を守り、10年1月に退社。

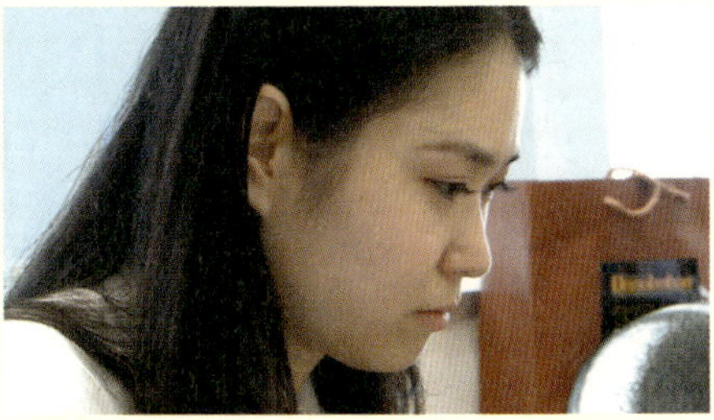
プロジェクトは立ち上げたばかり。時間はいくらあっても足りない。

営業スタッフは英語が堪能な20代の女性。

結婚式をひかえたカップルは、街中で結婚アルバムを撮影します。

高層ビルが立ち並ぶホーチミン。人々の生活もずいぶん豊かに。

11年6月、旅行でベトナムのホーチミンを訪れた藤井さんは、ホテルやショッピングモールが続々とオープンしている街の様子を見て、この国のパワーと可能性を感じ取りました。そして、今後伸びていく東南アジアで女性向けサービスの成長を促して、女性が手に職をつけられるよう支援したいと考えるようになったのでした。

一緒に歴史を作ろう。私を信じてください！

ベトナム旅行から2カ月後の8月末にはホーチミンに渡ってプロジェクトを立ち上げ、10月下旬には200社ほどのウェディング情報をかき集め、ウェブサイトをオープンさせたというから驚きです。

藤井さんのもとで、サイトの情報を集める営業スタッフは、8名のベトナム人女性。100名以上の応募者の中から、藤井さんが直接面接をして採用しました。全員20代で、ガッツはあるけれど、ビジネス経験のないスタッフがほとんどです。

ベトナムに来て3カ月が経ったとき、藤井さんは、スタッフに自分の意気込みを伝えることにしました。

「今日は、私自身についてお話ししたいと思います」

スクリーンに、尊敬する坂本龍馬のコスプレをした藤井さんの写真が写し出され、スタッフたちにどよめきが起こります。坂本龍馬と言えば、幕末に貿易商社

営業先で、ネットビジネスの重要性を説明する藤井さんとスタッフ。

お土産のチョコレートにはしゃぐメンバーたち。この後叱られます。

Face book 用に撮影した写真は、
坂本龍馬のコスプレ姿。

「亀山社中」を作った、いまで言うベンチャー起業家。その精神に負けじと、藤井さんもさまざまなビジネスの野望を描き、この国にやってきたのです。

「これが、私の理想の姿です。私がベトナムに来たのは、あなた方と共に歴史を作るためです。私を信じてください」

藤井さんとスタッフは、ベトナムではまだ馴染みの薄いネットビジネスを売り込もうと、ブライダル関連の業者をひとつひとつ回って営業を重ねています。

藤井さんのビジネスの命運は、「急速に普及するインターネットの将来性を、ベトナムのブライダル業者にどう理解してもらえばいいか？」に掛かっていました。

サービスの柱のひとつは、利用者による口コミ評価。お客様の信用を得るため、よい評価だけでなく、マイナスの声も正直に載せていく方針です。営業に行った際、この件を説明すると、相手の反応はよくありません。

「競合店が悪口を書き込む。それがベトナムの現実です」

ブライダル店のオーナーの言葉に、いつもは前向きな藤井さんも、厳しい現実の壁を痛感したようです。

若いベトナム人スタッフをどう育てるかも、悩みのひとつでした。チョコレートギフトの店に営業に行き、契約が取れなかったのにお土産のチョコに大はしゃぎしたり、大事な商談に行くというのにラフなパーカー姿で現れたり、ビジネスの基本ができていないスタッフも……。

スタッフのベトナム語を英語、日本語に通訳してくれるユミさん。

商談だというのにラフなパーカー姿。ジャケットを貸すユミさん。

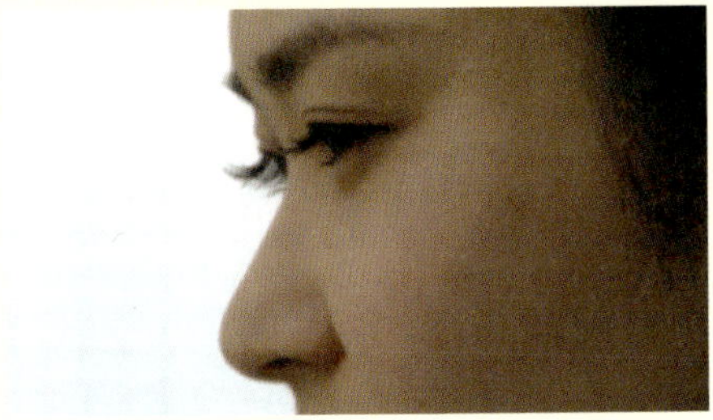
スタッフと意思疎通をはかるには…？　藤井さんは模索を続けています。

契約できたら貼り出される写真入り表彰状。でもまだ1件きり…。

契約の目標は2カ月で50件。しかし、まだ1件しか取れていません。ここが正念場と感じた藤井さんは、スタッフを集めて、何が問題なのか話し合うことにしました。すると、スタッフから思いがけない発言が。

「営業先から『あなた方のウェブの効果は？』と質問されたけど、私自身もわからず、困ってしまいました」

スタッフ自身もネットの効果について半信半疑だったのです。目の前に立ちはだかった大きな壁。藤井さんは、簡単には信用されないベトナム社会で、新たなサービスを売り込むことの難しさを痛感しました。

日本語もベトナム語も英語も堪能な、藤井さんの頼れるビジネスパートナーのユミさんは、こう語ります。

「海外の会社がベトナムで成功するには、ベトナム人スタッフと精神的につながっていることが鍵なんです。ベトナム戦争や植民地支配があって、海外から侵略されていた彼らにとって、『外国人は敵か味方か？』って話ですから。海外から来て『仕事を教えてあげるから言うことを聞いて』というのでは、敵とみなされるんですよね」

ユミさんの言葉を、藤井さんは噛み締めるように聞いていました。

女・坂本龍馬の野望は続く。

夢を信じて渡ってきたベトナム。藤井さんがこの国

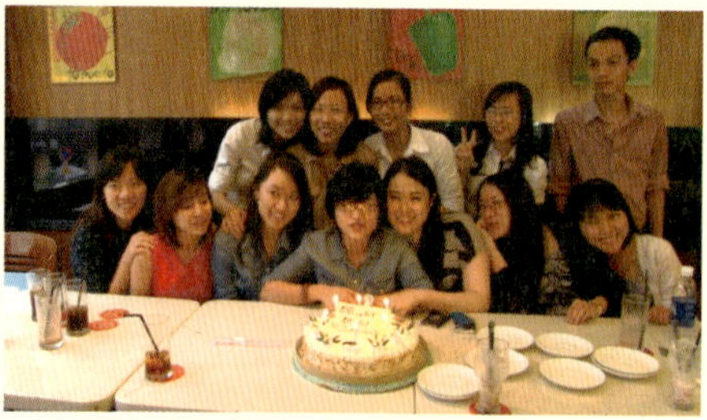

みんなで誕生日会。プライベートを共にして、笑顔も増えます。

ベトナムはチャンスにあふれる国。街を一望し、決意を新たに。

アリスさんはまだ大学生。意欲あふれる素敵な女性です。

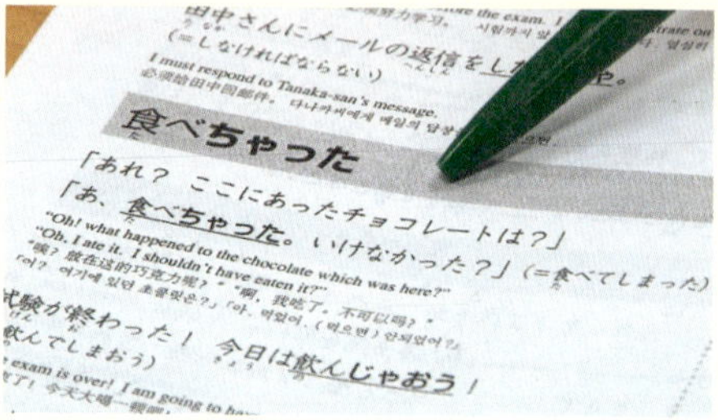

朝7時からの日本語レッスン。歌を教えることもあるそう。

に来た頃の気持ちを思い出す場所が、街を一望できる展望タワーです。

「ベトナムに来て、これから変わっていく国だろうな、と変化の兆しを感じました。可能性とチャンスがすごくいっぱいある国だなって」

眼下に広がるベトナムの街並みを見るたびに、この国に秘められたパワーと発展の可能性を感じて元気になります。まだまだこれから！　自分の直感と行動力を信じて、挑戦を続けます。

ある朝7時に出社した藤井さん。日本に興味を持っているスタッフのアリスさんに、始業前の時間を使って日本語を教えてあげることにしたのです。さらに、スタッフの誕生日には、全員でお祝いの会を開催することにしました。藤井さんがあと一歩を踏み出すために必要なのは、スタッフたちとの心のつながり。スタッフひとりひとりの悩みや将来の夢に耳を傾けて寄り添っていこう、スタッフの中にとけ込んでいく努力をしようと決めたのでした。

現在は、週1回は個人面談を行い、その週に達成したこと、次週挑戦したいこと、職場環境への不満などについて聞いています。また、営業成績をグラフにして張り出します。評価が曖昧なことが多いベトナム社会に不満を持つスタッフたちからは「とても新鮮」と好評です。

ある日、ひとりで営業に出かけたアリスさんから「商

初めての契約の瞬間。緊張が走ります。

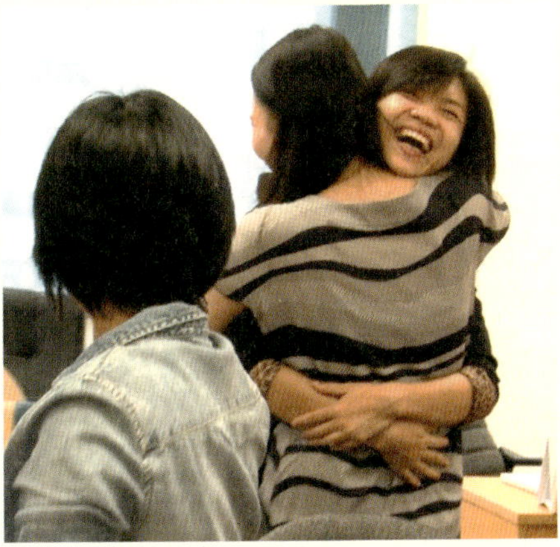

懸命にやればこそ、結果が出ればうれしい！　思わず抱き合う２人。

表彰状は３枚に増えました。大きな一歩に藤井さんも笑顔。

談中の業者に値引きを要求されて困っている」と連絡が入りました。ベトナムは値段交渉するのが当たり前のお国柄なのだとか。藤井さんも心配そうです。1時間後、緊張した表情のアリスさんがオフィスに戻ってきました。

粘り強く商談を進め、値引き要求を押し返してきたというアリスさん。契約額は、1250ドル。ベトナム人の年収にも匹敵する額です。

アリスさんのがんばりに「お〜っ！」と歓声が上がりました。商談相手は2時間後にオフィスにやってきます。先方の気が変わらないうちにサインを貰おうと、スタッフ全員が協力し合って契約書の準備を始めました。

商談相手の結婚式場のオーナーがオフィスに到着。さっきまでの慌てぶりとは一転して、堂々と対応するアリスさん。そして契約は無事に完了。営業スタッフ一丸となって取った契約に、抱き合って喜び合いました。

「ようやくスタート地点に立った感じですね。『信じてついてきて』と言ってしまった以上は、なんとしても結果を出したい。現地のスタッフを育てて、いまのプロジェクトを2年以内に軌道に乗せたいと思います。そして、ベトナムの女性たちの社会進出を助けて、もっともっと輝いてほしいんです！」

龍馬のような眼差しで、夢を熱く語る藤井さん。大きく変化するベトナムで、大きな一歩を踏み出しました。

ホーチミンでは自由時間が少なかったので がんばって早起き
早朝から やっている バインミーのお店に 行きましょう〜!!
ベトナム
バインミー フランスパンを使ったベトナムのサンドイッチ
A.M. 6:00
バイクだらけのホーチミンの街も さすがに朝は静かで歩きやすく…
チュン…
チュン…
ブーン
♫
朝4時からオープンの「ニューラン」
NHU'LAN
無事 目的のお店に到着!!
あった〜!!
えっとどうやって頼むんだろう…
ツー バインミー!!
わ〜 ドリンクメニューも いっぱいある〜
え〜っと…
こうしてベトナム名物のバインミーを味わったのち…
すっごい 具だくさん!!
口に入らない
お好みでライムや唐辛子をトッピング
アセロラジュースも すっぱくて おいしい〜
ヨーグルトドリンク
ベンタイン市場へ寄り道
6時からオープン
お土産品から日用品まであらゆるものが売られていましたが 時間がないので駆け足ショッピング
よしっ!! 藤井さんを見習って 私も素早い 決断力だ!!
これと… あとこれも くださいっ!!
やー
Oh〜
結果…ちょっと微妙なものも買っちゃった気もしますが…
これ本当に 欲しかったのかな…
ココナッツのお皿…

どうぞお気をつけください。

たびメモ
ベトナムの結婚式は光の点滅が激しい
チカ
チカ
ピカ
ピカ
ディスコのよう…
うおー目がチカチカするー
出される食事もうまそうだ〜
じゅる…
ぐ〜
いいな〜
ゆでたエビ どーん!!
わい
わい
わい
新郎よりもあきらかに新婦が派手!!
美人さんが多い
これは日本も同じかなァ?
ボーイさんがテーブルにまわってきてしょっちゅうビールグラスに氷を入れてくれるのだけど…
けっこう大量に
ポイ
ポイ
がやっ
がや
ベトナムではビールに氷は普通なんでしょうか…
なんか違和感が…
結婚カップルのほぼ100%がドラマティックな結婚写真を撮るそう
いろんなシチュエーションがある
草原に寝転んでチュー♡
あいあい傘
海辺ではしゃぐ
雪の中でたたずむ
四季もいろいろ…
ズン
ズン
ジャ
ジャ
まつださん あの〜
はい?
がや
がや
BGMが大音量で会話が困難
こ…これは一体どんなシチュエーションなんだろう…
というのもありますが全部まとめて…
ジャーン
豪華な結婚写真集に!!
ベトナムといえばのアオザイは結婚式を挙げてる人にも出席者にもほとんど見かけなかった。
素敵だと思うんだけどな〜
チラ
チラ
結婚式場の案内係のお姉さんが着てました。

ホーチミンの第一印象は とにかくバイクが多い!!
ひょえ～
ビビー ブー ビビー ブー
バイク多!!
ほこりっぽいので すぐのどが痛くなる
街歩き必需品
※まつださん
のどあめ
水
ミントガム
ベトナムの紙へいは0が多い
VIETNAM
100,000
10万ドン → 約400円
わ～
なんだか大金を持っている気分に!!
しかし買い物のときは ちょっとややこしい
え～っと 30万ドンということは…
300000
約120円? あれ 1200円…?
…十…万…百…
まだこういう感じの人もたくさん歩いてる
このよく見かける笠がつい欲しくなった けど…
お土産屋にて
う～ん…
なんとか思いとどまる
「ノンラー」という
ベトナムのデザートといえば プリンが有名なのだそう
ずっしりしてて
濃厚～♡
フォー!
も食べました うまかった♡
と
しかしベンタイン市場で飲んだジェラートっぽいマンゴージュースが 自分としては今回のベストデザート!!
めちゃうま!!
しかもすごく安かった!!
自分土産
魚柄の花びんと…
派手な花柄かばん
またゆっくりと観光で行きたいな～

今回同行の担当まつださんも実は龍馬の大ファン
龍馬ゆかりの地長崎出身
幕末好き
藤井さんに渡すため日本からこんな龍馬土産も持参
ノート
坂本龍馬学問帳
幕末維新
手ぬぐい
ストラップ
わ～ ありがとうございます
ニコニコ
きゃ～うれしい!!
龍馬好きと聞いたので～
そしてそのあとお話をうかがってるときも…
私 坂本龍馬を尊敬してまして…
目の前に壁があったら突き破ってみたいタイプなんです
その気持ちわかる!!
私もそうだもの!!
ガタッ
!!
龍馬は「亀山社中」を作った いわばベンチャー起業家ですもんね!!
龍馬の亡くなった31歳までにはなにかを成しとげたいと思ったりしない?
わかりますその気持ち～
でしょでしょ
わい わい
龍馬トークでひとしきり盛り上がり…
…
ついてけず
そのあとも興奮冷めやらぬ様子のまつださん
目の前に困ってる民衆がいたら
考えるより先に行動しちゃう人なんですよ 龍馬は～
うれしそう
へぇ～
次の日藤井さんちにおじゃましたら壁に手ぬぐいが飾られていたのでした
ばーん
これ気に入ってしまって…
世の人は我を何とも言わば言え 我が成す事は我のみぞ知る
(龍馬の名言)

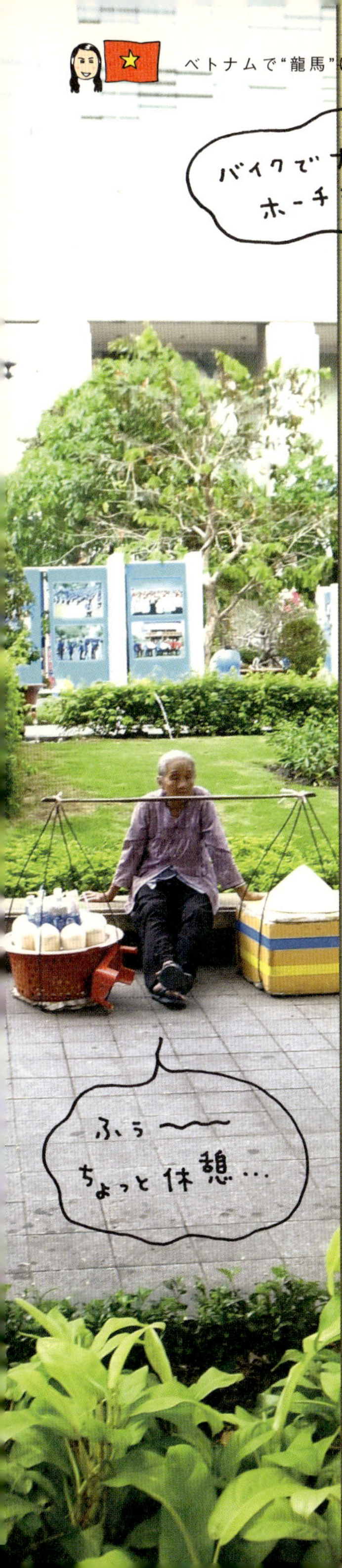

バイクで大渋滞の
ホーチミンの夜

ビビー
ブブー

これは比較的
小さい会場での
結婚式

ガヤガヤ

〜♪〜♪
チャッ チャッ
ズンズン ♪ ♪

コミックバンドの
ゆるい演奏が続く…

旅のおもひで
写真館

♡お幸せに!!♡

チュン

バインミーで
朝食を

あがが…

ちょっとあごが
疲れました♪

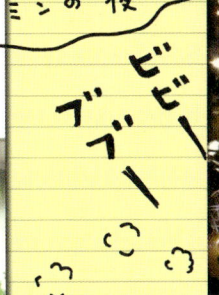

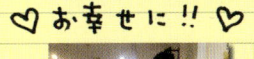

結婚関連のお店が並ぶ
通称ウェディング通り

旅のおもひで
写真館

シクロからの眺め

うひょ〜

…この後ぼったくられます

カラフルなドレスずら〜〜〜り!!

移動式バインミー店

上手に押せました

キウイ+ナシみたいな味

やさしく押すとおいしくな〜る
ミルクフルーツ

別名
おっぱいフルーツ♡

日本よりもカラフルだと思う
スーパーの日用品コーナー

ものすごくうまかった
市場のマンゴージュース

どの色がいいかな〜

プハーッ

ベトナムビール
バーバーバー
333

ぎゅうぎゅうの
カニコーナー

ぎゅうぎゅうの
ぬいぐるみ
コーナー

勢いで買った
ベトナム土産たち…

とろける
ベトナム
プリン〜

ヘルシー
生春巻き

なでしこからのメッセージ

異なる価値観に囲まれて
仕事をすることで、
自分の幅が広がっていくと共に、
本当に大事なことが研ぎすまされて
いる気がしています。
もはや「海外で働く」ということが
特別ではなく当たり前の選択肢になる、
そんな時代に突入しているのでは
ないでしょうか。
どんな場所でも生き抜く力を
養いつつもしなやかに、
かけがえのない人生を謳歌しましょう！

藤井悠夏

●藤井悠夏（ふじい・ゆか）ベトナム結婚情報サイト「codauchure」プロジェクトマネージャー
1983年シリア生まれ。中学時代をドバイで過ごす。青山学院大学在学中、女子大生サークル「輝女（キラジョ）」を立ち上げ、美容講座などを企画運営。 06年リクルートに入社、ブライダル情報誌「ゼクシィ」営業マンとして活躍。10年1月退社後、7月に「株式会社アイループ」設立、社長に。11年8月にベトナムに渡り、同年10月ベトナムではまだ珍しい結婚式情報ウェブサイトをオープン。http://codauchure.com.vn

第2話 カンボジア編

地雷の村をハーブで変える

篠田《しのだ》ちひろさん

カンボジア王国って どんなところ？

首都プノンペン。クメール人（カンボジア人）90%、ほかにチャム族、ベトナム人など20以上の民族が10%を占める。公用語はクメール語。モンスーン気候帯に属し、5～10月が雨季、11～4月が乾季。アンコールワットやアンコールトムといったアンコール遺跡（1992年、世界遺産登録）が世界的に有名。かつての内戦の影響で、いまもたくさんの地雷と不発弾が埋まっている。入国に当たってはビザが必要。日本からの直行便はなく、バンコク経由が一般的。日本～バンコクは6～7時間、バンコク～シェムリアップは約1時間（乗り換え時間は含まず）。

そして次に向かう国はカンボジア!!
日本
シェムリアップ
首都
プノンペン
カンボジアと聞いてまず思い浮かべるものと言えば…
アンコールワット!!
世界遺産!!
でも実はハーブ栽培が盛んな国でもあるらしい
へえ～全然知らなかった
今回お会いするのはそんなアンコールワットのあるシェムリアップの街でハーブを使った商品を作っている篠田《しのだ》ちひろさんという28歳の女性で…
それを聞いてこんなイメージがパーッと広がりましたが…
アンコールワット
う～んのどかそう～
忘れてならないのがカンボジアは地雷や不発弾もたくさん残されている国だということ
もしかしたら想像するよりも危険で大変なお仕事なのでしょうか…
あわわ…
いろいろ想像中
さてどんな風景が待ってますでしょうか…
出発～!!
ぼ～
ゴォォ・・・

こうしてシェムリアップ到着後篠田さんの工房におじゃましました
わ～素敵な建物～
わ～っ大きな犬!!
バウ
ワウ
どどど
すると中から篠田さん登場
こらメイ!!
バウ～
メイ
どうもはじめまして
はじめまして～
華奢でほんわりした雰囲気の女性です
テラスではカンボジア人のスタッフがハーブを丁寧に刻んだり干したりしていて…
そして工房の一画は作られた商品の販売コーナーになってました
わ～ハーブの入浴剤!!
パッケージもかわいい
ハーブ入りのハンドクリーム!!
うひょ～
soap
Bath salt
いや～想像より工房も商品もおしゃれでびっくりしました
ありがとうございます
ふふ…
お庭も素敵～
さっそく買った
でもこちらで働くのは大変なことも多いんじゃないですか
う～ん基本的にみんなのんびりしてるんですよね
印刷屋に商品のラベルを発注したときも…

一枚一枚色合いが違ってたので
クレームをつけたら…
たくさんの色が手に入って君はラッキーだ!!
僕が好きなのはこの色!!
バラ
バラ
まったく悪びれてなかったり…
スタッフの意気を高めようと
来年のスローガンを作らせたら…
スプリンクラーが欲しい!!
芝刈り機が欲しい!!
がくっ
ただの要望を出してきたり…
最初は自分の理想を押しつけすぎてうまくいかないことも多かったんですが…
最近では空は青いし緑は気持ちいいしみんな笑顔だしああいい日だなぁ～って
だんだん自分もカンボジア人化してきちゃったのかな～
あはは
まだ若いのになんだか堂々と落ち着いていて立派だな～と思う篠田さん
私が28歳のときなんて…ブツブツ
そんな篠田さんと私には意外な共通点が…
それがこれ!!
ANCHOR
Smooth
ジャーーン
お互いビール好きということで…
さぁ飲みましょう!!
わ～今日はいい日だ～
ごく
ごく
自分で注げるビールタワー
この夜はおいしいビールを酌み交わしたのでした

そして次の日 食材の買い出しに同行させていただきました
わ〜にぎやか
ガヤ
ガヤ
ビー
ガヤ
あらゆる食材が並ぶ市場にはハーブを売るお店もいっぱい
こちらでは料理にもよくハーブを使うんです
へぇ〜
なんでもカンボジア人はこういったハーブの知識を自然に身につけてるそうなのですが…
今晩のおかずに〜
家のまわりに普通に生えてる
ほとんど口承だけの世界で書物などの資料は乏しいため…
篠田さんもこうして実際に見たり聞いたりしながらさらに知識を深めていってるのだとか
日本でいうとこんな感じ?
冷や奴といえばミョウガシソネギ〜
カンボジア人スタッフのマナさん
そして薬局のようなお店の前を通りかかったとき…
あっこれチュポンに使うものですよ
えっ
チュポン?
チュポンとはハーブを混ぜたものを蒸して使うサウナのようなもので…
いろいろ入ってる
特に産後の女性が体力回復のために行うカンボジアの伝統医療だそう
なのでこのパッケージ

篠田さんは中学生の頃から国際問題に興味を持ち…
…
マザーテレサ
その後カンボジアで何かやりたいとまずはシェムリアップの雑貨店の仕事に就いたものの…
その店にはタイやベトナム製のものが多く…
カンボジアのお土産でおしゃれなものはないの？
SOAP
とお客さんに言われ悔しい思いをしたのだそう…
そんなとき出産したカンボジア人の友人がたまたまこのチュポンを使っているところを見かけ…
カンボジアにだって素晴らしいものがある!!
これだ!!
と目の前がひらけたのだとか
そんなチュポンを工房にて私も体験させていただきました
テントみたいなの
どうぞ中へお入りください
鍋でハーブを煮出す
この日はちょっとお手軽に炊飯器利用
おー
ハーブからはなんともいえない不思議なにおいが立ち込めてポカポカと体があたたまってきます
はぁ〜これはなんか効きそう…
ぐつぐつ
テント内
そして買ってきた食材は工房のキッチンでスタッフの方々が調理してました
昼食と夕食はいつもここで作ってるんです
えっ2食まかないつき!?
バウ〜

スタッフのみなさんは全体的に若く貧しい農村出身で現在学校に通いながら働いている人もいるそう…
なんだか家族っぽい雰囲気…
じゅ～
あはは
こうしてハーブをたっぷり使ったカンボジアの家庭料理の数々ができ上がりました
この日は品数の多い特別まかないバージョン
うひょ～!!
私もみなさんと一緒にいただいたのですがクセもなくどの料理もすごくおいしかったです
ハーブ料理がこんなにおいしいとは～
そうでしょ～
あはは
カンボジアではハーブが日常生活に当たり前のように浸透していて…
その可能性に気づいてない人も多いんです
最近 農家と契約してハーブの栽培も始めたという篠田さん
農家の人たちにももっと雇用を作って生活を向上させてあげたいんです
そして地雷の村と呼ばれるところをいつかハーブの村に変えることが夢です
うーん本当にそうなったら素敵ですね!!
がんばれ篠田さん!!
応援しま～す

「チュポン」用の壺。この中で湯を沸かし、蒸気を浴びます。

世界遺産アンコールワット。国旗のシンボルにもなっています。

ハーブをどう調理するかは、カンボジアの人にとって必須の知識。

笑顔の秘密が知りたい！　その思いが、篠田さんをカンボジアへ。

カンボジアの人々の、輝く笑顔の理由が知りたい。

大学2年の秋、初めて訪れたカンボジアで見た光景は、篠《しの》田《だ》ちひろさんのその後の人生を考え直すきっかけになりました。

「カンボジアの人は、貧しくてもキラキラした笑顔で、日本人よりもずっと楽しそうに暮らしている。幸せの尺度を金銭的豊かさで測ろうとする日本の価値観は、一体何だったんだろう?」

〝ハイヒールとスーツでカツカツ都会を歩くキャリアウーマン〟を目指していた篠田さんの中で、それまでの価値観が揺らぎました。そして、〝カンボジアに住めば、今まで知らなかった幸せが感じられるかもしれない〟という思いがムクムクと湧き上がってきたのでした。

卒業後、お金を溜めるために働いたり、英語を学ぶために渡英したりと1年かけて準備をして、08年、何のツテもないまま単身カンボジアへ。実はこの時点で、具体的な仕事のアイデアは一切ありませんでした。

日本人経営の雑貨店でマネージャーをやりながら、「カンボジアの素材と伝統を生かして、何かできないだろうか」と考えていた頃、「チュポン」と呼ばれるハーブを使ったカンボジア伝統のスチームサウナに出合います。その瞬間、「これだ!」と直感しました。

ハーブはカンボジア料理にも多用されるので、多く

生姜にも似たハーブ「バライ」。収穫の喜びに思わず満面の笑顔。

天然海水塩と、100%カンボジア産のハーブから作るバスソルト。

ハイビスカスティーに使われる「ローゼル」は、ビタミンCが豊富。

いつかハーブが人々の生活を変えると、篠田さんは信じています。

の家庭で栽培されています。そして就業人口の7割は農民です。篠田さんは、この2点に目をつけ、カンボジアの伝統医療とハーブを組み合わせ、入浴剤やハンドクリーム、アロマキャンドルなどを作って販売するビジネスをスタートさせました。

肥沃な土地で、ハーブを育てたい！

22年におよぶ内戦の歴史があるカンボジア。ポルポト派の拠点があったパイリン特別市には、いまも大量の地雷が埋まっています。そのために開発が遅れ、農薬を使った現代的な農業が行われなかったことから、皮肉にも肥沃な土壌がそのまま残されているのです。

そんな農村で、篠田さんは製品に加工するハーブの契約栽培を始めました。ハイビスカスティーに使われる「ローゼル」、血行促進や不眠解消に効果があるとされる「カフィアライム」、生姜の仲間の「バライ」……。有機栽培のハーブたちは、たくましく成長しています。

篠田さんの夢は、こうした土地に住むたくさんの農家と協力して、オーガニックのハーブを育てること。地雷に困っている貧しい農民の皆さんに少しでもお金を還元したい。彼らがハーブで収入を得て、生活を向上させていけるシステムを作りたいと考えているのです。

ハーブを育ててくれる新しい土地と協力者を求めて、

「農業はお金になりづらい」。村長の返事は厳しいものでした。

スタッフと共に農村をまわります。協力してもらえるでしょうか？

やっと村人から前向きな反応が！　安定した取引が今後の課題です。

ときに大きな現実の壁にぶつかり、立ち止まることも。

篠田さんは隣村の村長を訪ねました。しかし村長の返事は「地雷の調査が村の面積の半分以下しか進んでいないため、安定した農業が確立できない」というものでした。てっとり早くお金を入手するため、タイに出稼ぎに行く住民も多いといいます。すぐには成果が出ない農業で、村人たちを満足させることができるのだろうか……。夢の実現を阻む現実に、篠田さんの表情が曇りました。

村での滞在の最終日、篠田さんは村人に集まってもらい、農村の人々が抱える問題を聞き出すことにしました。すると、ある男性がこう語り始めました。

「前はたくさんハーブを栽培していたけれど、誰も買わなかったからやめたんだ」

売ろうとしても買う人がいない。それが村の農業の発展を妨げていたのです。村長の言葉が気になり、ハーブを栽培する意思があるかどうかを尋ねると、

「やりたい、言ってくれれば、いますぐ植える！」

「仲間を誘ってたくさん作るよ」

村人たちからうれしい言葉が次々に返ってきました。環境は厳しいけれど、やっていける技術と意志がそこにありました。篠田さんの夢を明確にしてくれる、実りのある集まりとなりました。

「最終日によいお返事が聞けてよかったです。一歩進んだかなって。きっと素晴らしいハーブができるので、私の役目はそれにもっと付加価値をつけてたくさん売っていくこと。そして皆さんと取引を続けること。」

ひとりひとりが自らの頭で考えてほしい。篠田さんの願いです。

収穫したハーブの、クオリティーの高さに大満足の篠田さん。

じっくり時間をかけて向き合う篠田さん。ランさん、がんばって！

試飲をしている間に、またひとつ新しいアイデアが生まれました。

こちらが販売をがんばることで、農家の人たちと協力していけるという関係を、どんどん作っていかなければと思います」

村から町へ戻った翌朝、さっそく収穫したローゼルにお湯を注ぎ、ハイビスカスティーにして試飲します。

「すっぱい！　酸味がすごいです。新鮮だから赤色も鮮やか。赤い入浴剤にするのはどう？」

すかさず新しい商品のアイデアがひらめきました。

スタッフと共に成長する毎日。

篠田さんの会社で働く6名のカンボジア人スタッフは、全員貧しい農村出身で、充分な教育を受けていません。篠田さんは、貧困層出身の人たちが人生を切り開いていくモデルケースを作りたいと、あえて貧しい農村出身者からスタッフを雇っています。

スタッフのひとり、25歳のランさんも、小学校しか出ていません。ランさんにもたくさんの仕事を任せたいと思っている篠田さんですが、彼女には「考える」という習慣がないため、意見ひとつ聞き出すにも時間がかかってしまいます。

与えられた仕事をこなすだけでなく、自ら物事を進めていけるようになってほしい。そう願う篠田さんは、スタッフから意見が出るまで辛抱強く付き合います。

「こっちが答えを言ってしまうのは簡単だし、そのほう

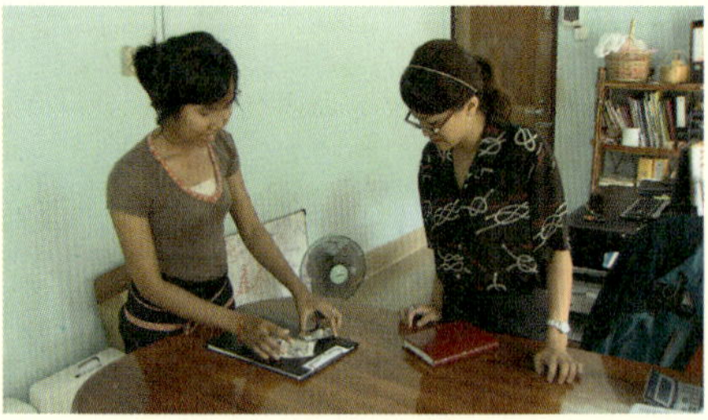

コニヤンさん、営業先からの意見を持ち帰ってくれました。

積極的な営業が実を結んで、５つ星ホテルの契約も取れました。

リボンの位置をずらすことで、素敵なデザインがより見やすく！

スイートルームのお客様への、限定アメニティとしても大好評。

が早いんですけど、考える時間を与えて、忍耐強く待って、返ってきた答えを褒めて……みたいな感じで少しずつトレーニングをしています。カンボジア人全体に言えるのですが、自分が間違っていても『それは誰々のせいだ』と言って間違いを認めないことが多々あります。間違いは誰でも起こすのだから、失敗を認めて、自分で考えて、改善点を示すことが大事だと、いつも口を酸っぱくして伝えるようにしています」

また、カンボジア人はお金があるとすぐに使ってしまいがちなので、給料天引きで貯蓄をさせて、自分や家族が病気や事故を起こしたときしか引き出せないというルールを作るなど、篠田さんはスタッフのことを家族のように考えた付き合いをしています。

ハーブ製品の営業は、篠田さん自らが行います。村でハーブの栽培を増やすためにも、販路を拡大しなければいけません。篠田さんの積極的な売り込みが成功して、市内の5つ星ホテルのスイートルーム限定アメニティとしても置かれています。

そんな中、スタッフのコニヤンさんが、ハンドクリームのパッケージについて取引先からの声を報告しに来ました。クリームをビニールで包み帯状にリボンをかけた素敵なパッケージでしたが、リボンで背面のデザインが隠れてしまい、よく見えないというのです。

篠田さんはコニヤンさんに、アンケートを作って調査をするよう依頼しました。その結果、「背面にかかるリボンはじゃまだ」という取引先の意見が多かったこ

自分たちの手で作ったハーブが、生活を向上させることを信じて。

「チヒロ、スマーイル！」。屈託のないスタッフたちの笑顔。

底抜けに明るいカンボジアの人々。学ぶことがたくさんあります。

人々の幸せの源を知りたい。篠田さんの探求は続きます。

とから、コニヤンさんは、ビニールの上部をきんちゃく状にリボンで結んだ、新パッケージを篠田さんに提案しました。

一生懸命考えてアイデアを提案したコニヤンさんの熱意に、篠田さんもうれしそうです。コニヤンさん考案の新パッケージに変えてから、売り上げはなんと5倍に増えました。

篠田さんの思いがスタッフたちに通じてきて、少しずつ「考える」習慣が身につき、だんだんとしっかりとした意見が出てくるようになってきました。逆にスタッフ側から篠田さんに「すぐに機嫌が悪くなる。怒っちゃだめだよ」なんてリクエストが飛び出すことも。

篠田さんとスタッフは、お互いに育て、育てられながら、成長しています。

「カンボジアの人たちは、その日を感謝して生きられて、その日をとにかく楽しく過ごせたらいいじゃないという考えなんです。カンボジアの人たちの、あの幸せそうな笑顔って、どこから来るんでしょうね。なんであんなに楽しそうなんだろうかって、いまだに思いますもん。まだ答えは出ていないですね。その答えが見つかるまでは、カンボジアにいます」

篠田さんのハーブがカンボジアの人々に、より多くの笑顔をもたらします。

「クル・クメール」と呼ばれるカンボジアの伝統医療の先生の取材にも同行させていただきました
わんっ
わんっ
わんっ
わんっ
犬いっぱい
そこは病院というよりも祭壇がまつられた祈とう所のような雰囲気…
なんか呪文的なの
患者さん
先生
外から見学
診察代がわりのまんじゅうとか
ハーブいろいろ
治療はいろんなハーブを用いながら行われているようなのですが…
ブシュッ
なにか吹きかけてる?
その独特のムードにびびりまくりの私…
キショ!!
キショ!!
パンッ
パンッ
決めゼリフ的なの
あわわ
こちらの先生のハーブの知識はかなり豊富なんだそうで…
このあたりの庭に生えているものは全部ハーブだと言ってます
あ〜目がよく見えるようになったわ〜
へぇ〜
さっきの患者さん
篠田さんはときどきここを訪れてハーブのことを教わってるのだとか
この木の枝は骨折に効くんですって〜
キショ!!
キショ!!
えっ骨折にも!?

たかぎさーん こちらのおばあちゃんが これをかんでみるかと 言ってます
ん?
それはアジアでときどき見かける「ビンロウ」と呼ばれるかみタバコのようなもので…
ビンロウという ヤシ科の植物の 赤い種子を 葉っぱにくるんで…
キンマという葉
石灰もちょっと 塗る
口に入れて ガムのようにかむ
恐る恐るチャレンジしてみたところ…
初ビンロウ体験の2人
ひぃぃ〜
口がビリビリする〜!!
ベロ真っ赤
いや〜植物の世界というものは奥深いもんですね
ゲ〜ホ ゴホ ゲホ
ペっ ペっ ペ〜
大ダメージ
大丈夫ですか?
ビリ ビリ
しかしもし私がハーブに興味があってここを訪れたとしても…
んも〜
ブシュー
キショ!! キショ!!
わんっ わんっ わんっ わんっ
この雰囲気にびびって門の外で引き返してしまうような気がします
ひ〜 あやしい 雰囲気
MAP
か… 帰ろう〜
最初ここに足を踏み入れるとき怖くなかったんですか?
う〜ん たしかにちょっと勇気はいりましたが…
でも私の場合 どんな世界なのか知りたいっていう好奇心のほうが強くて行動せずにいられないんですよ〜
不安より好奇心が勝っちゃうというか…
ああ 素晴らしき篠田さんの好奇心の世界!!
うひょー

たびメモ
素人目に見ても市場に売られているハーブがいきいきと色もきれいですごくおいしそう!!
根っこもすごい!!
名前はさっぱりわからないけど!!
カンボジアのおいしいビール
アンコールビール!!
Angkor
premium Beer
ハーブ料理本当においしかったな〜
ココナッツの実に魚やハーブなどを詰めて蒸した料理
「アモック」
ハーブが入った酸味のあるスープ
名前がわからないけどめちゃうまい♡
工房の庭に実ってたココナッツで
いただきました
ちゅ〜
ココナッツジュース♡
ビール好きに国境なし!!
わー
わー
カンパーイ
最終日の空港に向かう前アンコールワットも見学しました♡
うおー
かっこいい!!
観光地では小さい子がたくさん物売りをしている
ずっとついてくる
その瞳がとてもきれいで…
ああこんな素晴らしい観光資源がある国がなんでもっと豊かになれないんだろう…と
胸にずんときました
これはアンコールトムにある「バイヨン」遺跡
顔がいっぱい
いろんな国の観光客が大うかれ♫
こちらへ〜
Oh〜
Wa〜。
日本人も多かった

シェムリアップの街では
こんなバイクタクシーが
たくさん走ってる
乗らないか!!
しょっちゅう声をかけられる
よく見るといろんなデザインが
あっておもしろい
フリルつきとか…
文字つきとか…
WELCOME
広告つきとか…
アンコールワット遺跡では
象に乗って見学もできる
のし
のし
うひょ〜
大きい〜!!
そしてハンモック吊って休憩
ぐ〜
ものすごく気持ち良さそう…
カンボジアの人たち
本当にみなさんニコニコ…
仏像も→
出産予定もないけど
フーチュポン用の
ハーブミックスを購入
ふい…
いろんなものが入ってる
乾燥させたハーブいろいろ
木の枝みたいなの
塩
and more
ターメリックみたいな粉
いろんな種類あり
篠田さんの工房でも
いろいろ購入
ハーブがパックされた
入浴剤「バスティー」
レモングラス
ジンジャー & バライ
種類いろいろ
ちゃんと布の袋に入ってる
ハーブ入りのせっけん
ハーブ入りハンドクリーム
ハーブと太陽の香りが
ぎゅっとつまったような
いいにおいでした
ほわ〜
もみ もみ
帰国後
自宅のせまい風呂にて

篠田さんの工房にいた かわいい犬のメイちゃん
わぁ 大きい〜!!
メイ メイ〜!!
はっ はっ
もう一匹いた子猫もめっちゃ かわいくて かとうさん メロメロ…
ああ かわいすぎる〜
日本に連れて帰りたい〜
よしよし
めちゃ ちっちゃい
その夜レストランで 食事をしてたときも…
ん?
カエル肉
気がついたら足元に子猫が 寄ってきてて…
ん〜 どうしたんだ おまえ〜
こらこら いてて…
ニャー
かとうさんまたメロメロ…
とろけてる…
次の日 ホテル近くの 食堂で2人で夕食を いただいてたところ…
誰も気にしない
気ままに 野良犬が入店
あっ
犬が…
悲しげな目
じー
…
み… 見られてる…
おなかがすいて そうですね…
ほら ちょっと食べるか?
ん?
ぱくっ
ふと見たら また足元に子猫が 来てて かとうさんメロメロに…
わ〜また 来た〜
もう たまらん〜!!
きゅん きゅん
じー
犬は他のテーブルへ
なつこい
こんなことばっかでしたカンボジア…

旅のおもひで
写真館

世界遺産

アンコールワットへの道

食堂にて

じ〜

くれないかな〜

市場にて

看板犬？ →

…

薬草いろいろ

遺跡いっぱい

← 木が流れ出してるような「タ・プローム」

← こ…これはお菓子？

サンドイッチはうまそうだ♡

日本にはない色合い…

やさしくほほえみかける「バイヨン」

カンボジアの家庭の味
工房のまかないランチ

いただきまーす♡

アンコールビールでカンパ〜イ!!

迫力のビールタワー!!

旅のおもひで写真館

カンボジアの伝統医療所

観光客でにぎわうシェムリアップの街

キショッ!!

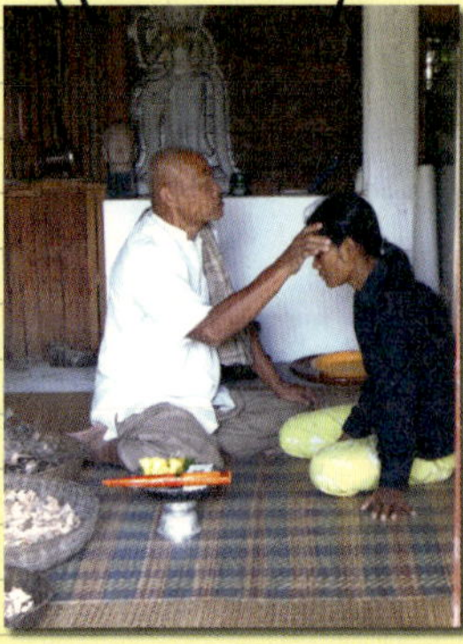

目の調子が悪い患者さんを治療中

先生が調合したチュポン用のハーブミックス

おしゃれなショップコーナー

工房で天日干しされてるハーブたち

チュポンするなおこ
（かとうさんスケッチより）

市販のチュポンセットいろいろ

ステキな工房の庭

いろいろ

つい買っちゃったカンボジアステッカー

ラッピングもかわいいバスソルト♡

なでしこからのメッセージ

こんにちは。篠田です。
ハタチのとき、物質的に恵まれた日本で
育った井の中の蛙の私に
「幸せとは？」と疑問を投げかけて
くれたのがカンボジアでした。
ここには、一生懸命に真っすぐ、
そして毎日とにかく楽しく
生きている人たちがいました。
もっと自分の人生を楽しく豊かにしたい、
そんなときは、ぜひカンボジアへ
遊びにお越しください。

篠田ちひろ

●篠田ちひろ（しのだ・ちひろ）クルクメールボタニカル株式会社 代表

1984年山口県生まれ。青山学院大学経営学部卒。04年、大学2年の10月に初のカンボジア旅行へ。大学卒業後、08年にカンボジアに移住。09年6月、カンボジアの伝統医療を行う現役クメール療法士（クル・クメール）より伝授された秘伝のレシピをもとに、カンボジア産オーガニックハーブ・ミネラルを調合し、入浴剤やハンドクリームなどのプロダクトを手作りして販売する会社を設立。11年に日本向けオンラインショップもオープン。http://krukhmer.shop-pro.jp
お店の情報はこちら。http://krukhmerproject.blogspot.jp/

深圳へと向かうシンガポール空港の搭乗口にて…
NO〜
えっ飲み物持ち込み禁止!?
いまさっきそこのお店で買ったやつなのに!?
すぐそこ
BEER
water
まだ出発まで10分ある!!
ここで飲め!!
ってなわけで頑張って飲む2人…
く〜飛行機内で飲もうと思ってたのに〜
うう…もう飲めない…
ぐびぐび
再び搭乗ゲートを抜けるときの…
飲んだか?
よし!!
おばちゃんの笑顔が素敵でした
ゲッ

第3話 中国 深圳《しんせん》編

中国で水を売りまくれ

熨斗麻起子《のしまきこ》さん

深《しん》圳《せん》市ってどんなところ？

中国広東省の省都・広州市からほぼ南南東、九龍半島の西側付根部分、広東省の南端にある街。経済特別区として中国経済の発展に貢献している。高層ビルが立ち並ぶ近代都市で、ビーチリゾートやスパ、ゴルフ場なども次々と整備され、観光開発も急ピッチで進められている。格安の足ツボマッサージも有名。公用語は北京語。亜熱帯海洋性気候に属し、年間平均気温は摂氏22.3度。日本人が観光で行く場合、15日以内であればビザは不要。日本からの航空直行便もあるが、香港から鉄道やバスで行くのが一般的（1時間程度）。

さあ
次に向かうのは
中国の深圳!!
上海
深圳
香港のちょっと上
深圳
経済特区にも
指定される
中国有数の大都市
私はずっと太極拳を習ってることもあり
中国は興味深い国です
はー!!
そしてなんといっても
中国はグルメの宝庫!!
北京ダックでしょ〜
それにフカヒレに
飲茶《ヤムチャ》にエビチリに〜
上海ガニもあるか
なぁ〜
ぐふふ
ぐふふ
ビールはやっぱり
青島ビール？
でも私…意外と
胃腸が弱いから
いろいろと
気をつけない
とな…
おなか
いてて…
やーい
やーい
特に水は注意しなくちゃ!!
中国の水道水はそのまま
飲んではいけないのだそう…
今回お会いするのはそんな中国で
水を売る会社の社長をされている
39歳の熨斗麻起子《のしまきこ》さん
ひょえ〜
社長!?
一体どんな方なのでしょうか…
いってき
ま〜す
ドキドキ

深圳到着後まずは会社を訪問
蘇生
sose's water
わ〜 水がいっぱい
そして社長室の熨斗さんにご挨拶
あっどうもはじめまして
ようこそ〜
ドキドキ
熨斗麻起子さんというのはめずらしいお名前ですね
名刺
中国でもよくそう言われて…
そうなんです
〝熨斗〟というのは中国語で〝アイロン〟
〝麻子〟は〝あばた〟
〝起子〟は〝栓抜き〟という意味らしく…
だからよくアイロンの女といわれます
こないだ中国の珍名サイトを見てたら私の名前が載ってたんですよ!!
珍名
熨斗麻起子
私!?
誰が投稿したんだか…
でもすぐ覚えてもらえるのだとか
お会いする前は緊張してたのですが熨斗さんはとても気さくな方でさらに歳も近くて親近感♡
えっ学年1コ違いなんだ〜
ほぼ同世代〜
1学年下
えっ独身でひとり暮らし?
一緒一緒〜
そして独身仲間だということも…
や〜私が大学を卒業するときは本当に就職難で…
超氷河期でした!!
わっわかります!!

いくつもの入社試験に落ちてたとき
たまたま中国湖南省での
日本語教師の話がきて…
行きます!!
行きます!!
ふたつ返事で決めたのが
中国に住むきっかけだったそう
迷いは
なかったん
ですか?
湖南省ってどこだっけ?
もともと
いつか海外で
日本語教師に
なりたいと
思ってたし…
まあ場所は
どこでも
いいか～
という感じで
しかし現地に行ってみたら
日本とは違う自由奔放な
生徒たちにびっくり…
ペチャ
クチャ
平気で遅刻
わはは
わははは
もぐ
もぐ
ぐー
…
そこは日本企業に研修にも行くような
社会人向けのクラスだったため…
みなさん!!
ここでは日本の
マナーについても
勉強します!!
この教室は日本だと
思ってください!!
愛を持ってきびしく指導
してたのですが…
授業中
頬づえをついては
いけません!!
あくびも
ダメです!!
遅刻は
いけません!!
居眠りも
禁止です!!
ちゃんと前を
向きましょう!!
ある日ポイポイと床にカラを
捨てながらひまわりの種を
食べている生徒を発見
ぽり
ぽり

それを注意したところ…
別にここ日本じゃないじゃん
開き直り
そんな態度なら先生はもう授業をしません!!
ばーん
自分の気持ちが伝わらず悲しくなって授業をボイコットしたら…
しばらくして生徒たちが家まで迎えに来たのだそう…
先生 戻ってきてください〜
どん
どん
先生〜
教師の仕事もすごく楽しかったんですが生徒を教えるにはまず自分も社会を知らなくっちゃと…
ふふっ
へぇ〜
そう思って2年後日本語学校を退職して中国の日系企業に転職して…
水
その後さらに今の仕事に転職して…
熨斗さんってきっとすごく情熱的で…
真っすぐな人なんだろうな〜
RRR
おっと失礼
そんな話をしている間にも顧客から次々と電話があり…
流暢な中国語でキビキビと対応する熨斗さん
ピシッ
その毅然とした姿はたしかにアイロンのようでもありました

熨斗さんが定期的に開催している中国在住の日本人友達との女子会に私も参加させていただきました
みなさん昭和47年生まれ
通称「ねずみ会」
えっ独身なん?
仲間仲間~
そして全員独身…
中国歴の長いみなさんは数々の体験談をお持ちで…
この2人で中国内の長距離バスに乗ってたとき…
チベットの紙幣を両替してほしいとゆうてきた人がおったんですよ
そしたらそのまわりにいた人たちも騒ぎ始めて…
見覚えがある!!
僕はチベットに行ったことがあるがそれはたしかに価値のある紙幣だ!!
俺も知ってる!!
替えてやりたいが手持ちの金がない誰か替えてやってくれないか!!
俺も保証する本物だ!!
ある女性客が替えてあげたそうなのですが…
それずいぶんお得な両替だよ
まー♥
謝謝~
騒いでた人たちはみんな次の停留所で降りていきそしてお金はニセ札だったという…
やられた~!!
くやしい~
つまり全員グルやったんです
あはは
ひ~
ほかにもこんな仰天エピソードが次から次へとわんさか…
道を歩いてたら札束が落ちてて~
これもサギ
飛行機に乗ったときなんでか足元に
スッポンが~
友人が病院に行ったときに~
とても描ききれない…

今の会社でも立ち上げ初期の頃に信じていたスタッフにお金を持ち逃げされたことがあるんです
も…持ち逃げ!?
そのときはさすがにショックでしたが…
まさか あの人が…
うう…
でも隙があった自分も悪い…
私の好きな言葉に"メイクモアミステイク"というのがあるのですが…
Make More Mistake
人間 自分で痛いめにあってみないとわからないことも多い…
だから どんどん失敗してもいいんです
そこから学んで少しずつかしこくなってけばいいんです!!
どーん
おお〜
白酒 500
こんな感じでこの日の女子会は夜遅くまで続き…
わ〜 わ〜 わいわい
みなさんなんて元気なんだ〜
ずっとしゃべってる
もう眠い…
どんどん成長する中国のパワーにふれた気がした夜なのでした
ぐ〜

品質管理に目を光らせる熨斗さん。地道な作業も厭いません。

立ち並ぶ高層ビルが、深圳の急成長ぶりを物語っています。

子どもにも安心して飲ませられる蘇生水は、富裕層の支持も熱い。

水のボトルを運ぶ自転車やバイク。これがいたって普通の光景。

中国で年商1億円以上の会社社長に！

人口1300万人の巨大都市、深圳《しんせん》。この街では、大きな水のボトルを運ぶバイクをよく目にします。水道水の品質が悪く、そのまま飲むのに適していないため、市民の生活はボトル入り飲料水に支えられているのです。

10年前、熨斗麻起子《のしまきこ》さんは、安全なボトル入り飲料水（ピュアウォーター）を生産販売する会社を、ここ中国で仲間と立ち上げました。流暢な中国語と巧みな話術で、営業責任者として販路を開拓、06年には社長に就任。現在は、40人の中国人社員を束ね、年間約100万本を販売、年商1億2000万円の企業に成長させました。

工場では、水道水を浄化して飲料水にしています。浄化する工程には日本の技術を取り入れました。値段は、1本20リットルでおよそ300円。中国では高級品です。商品名は「蘇生水《そせいすい》」。「飲めば体が生き返る」という思いを込めて名づけました。

「やっぱりこれから中国でも、安心・安全・健康がどんどんキーワードになっていくと思うんです。マーケットはまだまだ広がるんじゃないかと感じています」

販売のターゲットは、水の品質に敏感な富裕層や企業です。商品の高級なイメージを保つため、熨斗さんは販売現場への指導に力を入れています。「蘇生水」を仕入れて販売する小売店にも出かけ、ボトルの保管状態を厳しくチェック。ラベルのはがれたボトルを発見

流暢な中国語で商談をまとめる熨斗さん。できる女そのもの。

保管状態をチェック。彼女の辞書に「妥協」の字はありません。

営業部の全体会議。どうしたら、売り上げを伸ばせるでしょうか？

取引先から信頼を得るのは、中国のビジネスで何より大事なこと。

した熨斗さんは「どうするつもり？」と店主に問いかけます。熨斗さんの迫力に、「これは売らずに自分で飲みます」と、店主もタジタジです。さらに、客が宅配時間を指定できるサービスも、他社に先駆けて導入しました。

　営業の第一線で会社を引っ張ってきた熨斗さんは、社長になった今も営業に出かけています。これまで開拓した取引企業は４００社以上！　営業のときに心がけているのは、相手との信頼関係作りです。相手の要望を聞き出し、それに応えることで付き合いを深め、相手にとって必要な存在となる。こうしたやりとりを繰り返し、熨斗さんは幅広い人間関係を築いてきたのです。

伸び悩む売り上げ、その打開策とは？

　毎月行われる営業部の全体会議。この日問題になったのは、売り上げの伸び悩みです。出荷本数は４年前の金融危機以来、ほぼ頭打ち。３カ月で３０００本の新規契約という営業目標にもまだ１０００本以上足りません。

　業績を伸ばすには、熨斗さんに頼りすぎている中国人営業マンの力を鍛えるしかない。これまで部下が育ってこなかったのは、ついつい口を出してしまう自分にも原因がある。部下を育てるにはどうすればいいのだろう？

　悩んだ熨斗さんは、部下の営業に同行し、仕事の現場

新しい建物が次々と建ち、新たなサービスも生まれる。

お子さんが生まれたばかりの文さん。仕事もがんばりどきです。

ご自宅は28階建の高層マンション。オフでの勉強にも余念がない。

目まぐるしく変化する深圳。スピード感に乗れるかどうかが勝負。

での振る舞いを確かめることにしました。

この日同行したのは、営業部の文小平さんです。2カ月前から粘り強く交渉して、やっと取れたアポイントメント。ところが文さん、挨拶もそこそこに、具体的な商談を始めてしまいました。案の定、相手の反応はいまひとつです。すかさず熨斗さんが「サンプルをお届けします」と助け舟を出し、なんとか次回の約束だけは取りつけることができました。会社に戻った熨斗さんは、早速、文さんに営業のコツを伝授しました。

「相手に多く喋ってもらうことで、こちらも本題に入りやすくなる。最初は雰囲気作りが必要。いろんな話題を用意して、会話の中で相手との共通点を見いだしてみて」

地縁、血縁がものをいう中国式ビジネス。中国人社員は、ゼロから人間関係を築いて物を売り込むことに慣れていません。しかし、会社が営業成績を上げていくためには、あえてそこに挑戦するしかないのです。

「苦手だと言ってやらないでいたら、いつまで経ってもいまのまま。ますます競争が激しくなる中国で生き残るためには、中国人が自分たちで中国人のニーズを開拓していかないといけない。そのための訓練が必要なんです」

経営を専門に学んだことがない熨斗さんは、暇さえあればビジネス書を読んで営業に磨きをかけてきました。彼女の自宅には、買い集めたビジネス書がどっさり。仕事場だけでなく、私生活でも勉強を重ねているのです。

「自分の見ている世界はまだまだ狭いと思いますし、世の中にはもっと大きな世界があるんですよね。それを

真剣な顔で線香を捧げる熨斗さん。社運に願いを込めます。

女子会の仲間と昼からビールで乾杯！ 合コン仲間でもあります。

「失敗を恐れず、従業員を信じよう」。新たな決意が生まれました。

「蘇生水」のロゴが入った旗を高々と掲げながら、大人の遠足です。

見てみたいなって思います」

そんな仕事熱心な熨斗さんも、週末はいつもよりおしゃれして、街へ繰り出します。行き先は、毎月開かれる女子会です。

中国で起業している女性も多いので、ビジネスの情報交換の貴重な場でもあります。同じ時期に中国に来た10年来の親友たちは、何でも相談し合えるかけがえのない存在。会社の悩みや愚痴、プライベートな話題で盛り上がり、飲み会は朝まで続きます。

中国人従業員を信じる力。

熨斗さんは、思うように営業成績が伸びない部下たちの気分転換にと、山登り旅行を企画しました。

山の中腹にある寺の神様は、「財神」という商売繁盛の神様です。このとき熨斗さんは、写真を撮りあう部下たちの明るい表情を前に、ひとつの決意をしていました。

「これからは、どんどん彼らに仕事を任せていこう。失敗が見えていても、彼らがやりたいと言ってきたことは、反対せずにまずはやらせてみよう！」

後日、どうすれば新規の取引先を開拓できるか、営業戦略会議が開かれました。熨斗さんは社員の声にじっと耳を傾けます。女性社員からひとつの提案が出されました。

サッカーの話で商談相手と盛り上がる文さん。いい雰囲気です。

「蘇生水はとてもおいしいです!」。商談相手もうれしそうです。

蘇生水が支持されるのは、取引先からの強い信頼があってこそ。

「知らない会社を新たに開拓するのは難しい。いまの取引先に紹介してもらうようにしたほうがいいと思う。知り合いの紹介は受注率が高いから、やみくもに会社訪問するよりも効率がいい」

既に取引先となっている会社から人脈を広げていこうというアイデアです。熨斗さんが彼女の背中を押します。

「10人の友だちがいるとすれば、さらに10人の友だちが増える。10人の友だちが増えたことで、また10人の友だちが増える。そうすると友だちは何人になる?」

「深圳の人、全員が僕らの友だちってことになるね」

みんなが笑顔になり、拍手が起こりました。よし、この手を試してみよう!

3日後、文さんに朗報が入りました。ひと月前から交渉を続けてきた会社が詳しい話を聞きたいと言ってきたのです。自分の力で契約を勝ち取ってほしい。そう思った熨斗さんは、文さんをひとりで行かせました。

「あえて私が行かなくてもいいかな、と。彼らに結果を出してもらいたいので、信頼して任せたいと思います」

文さんが訪れたのは、韓国系の貿易会社。この日会うのは初対面の責任者です。文さんは、熨斗さんに教わった通り、まずは雑談から始めることにしました。

「なまりを聞くと、朝鮮族の方ですか? 朝鮮族の人はよくサッカーをされますよね」

「私たちは週3回サッカーをやります」

「私もです。ぜひ親善試合をやりましょう」

胸を張って表彰台に上がる熨斗さん。苦労が形になった瞬間です。

「あきらめず、1ミリでも前に進み続けたい」。可能性は無限大！

従業員たちと喜びを分かち合うことができて、笑顔がこぼれます。

趣味のサッカーの話で相手の気持ちもほぐれ、商談もスムーズに進み、無事契約成立です。

「今度、サッカーチームの友人も紹介してください」

会議で打ち合わせたように、友人の紹介も頼むことができました。文さん、コツと自信を得たようです。

文さんは、会社に戻って熨斗さんに結果を報告しました。思い切って部下に仕事を任せることに、手応えを感じた熨斗さん。満足そうな笑顔がこぼれます。

「これからは任せる部分を少しずつ増やしていきたいと思いますし、最終的には彼らが完全に独立して、自立できればいいなと思っています」

昨年12月、熨斗さんは外資系企業の表彰式に招かれました。水の品質のよさと社内の労働環境の改善に努めてきたことが高く評価されたのです。従業員と共に築き上げてきた実績が、中国社会に認められました。

「うれしい。努力した甲斐がありました。前にしか未来はないので、これからも1ミリでも前に進みたい」

自らの可能性を信じて走り続ける熨斗さん。今後は、飲料水以外の事業にも進出したいと考えています。

「あきらめなければ絶対できる。だめだと思ったらその時点で負け。できると自分に言い聞かせてやれば、できないことはない。ふんばることが大事。自分の可能性に期待できるようになって、成長したのかなと感じます」

就職難に泣いた普通の女子大生が中国に渡って、17年間かけて少しずつ前進を続け、何ごともあきらめない、しなやかな女性社長に生まれ変わりました。

カンボジアから深圳へと向かう乗り継ぎのシンガポール空港にて担当かとうさんロストバゲージ!!
スーツケースがない!!
カンボジアでの服装のまんま
超薄着
MF
着替えもなくなり そのまんまでは深圳では肌寒く…
さっ寒くないの？
は…はい
さすがに寒い
熨斗さんにお会いしたときの第一声
私の服は小さすぎて貸せない
取材のあい間に東門というにぎやかな街にショッピングに行きました
日本でいう原宿みたいなとこ
ガヤ
ガヤ
店員さんたちに中国語でガンガンと話しかけられつつ…
う〜ん靴も買わなきゃな…
1揍3倍
ソーリーオンリージャパニーズ
ビーサン
何とか服を一式揃えて一安心
ははは
中国に来て生まれて初めてユニ○ロを買いましたよ!!
上着ユニ〇ロ
よっ!!全身おニュー
ヒュ〜♪
そしてこのあと取材班のいる場所まで自力で戻らねばならなかったのですが…
う〜ん…
なかなかタクシーが来ないですね
麦当劳
陽貨大百
おっあそこにタクシーが!!
あっダメだ取られた!!
この日は土曜日だったこともあってかタクシーがなかなかつかまらず…

飲食有限公司
あっ あのタクシー いまから降りる ところだ!!
よしあれに 乗りましょう!!
ラッキー
TAXI
ところがタクシーの横で 降りるのを待って いたら…
TAXI
あっ!!
取られた!!
だだっ
こういうことを何度か 繰り返したのち…
わ～ん このままじゃ タクシーに 乗れない～
おとなしく 待っていては ダメなようです ね…
ブ～ン
また うばわれた
どうしよう かとちゃ～ん
むむ…
あっ!! あのタクシー 止まりそうな 気がする!!
ゆる～
もうあれに 乗っちゃいま しょう!!
ひ～!!
まだ前の客が降りてないけど もう乗っちゃうという荒ワザを 開発
TAXI
は－!!
だだっ
ガチャッ
会計中
わ～っ 取られた!!
やった～ やっと 乗れた!!
わ～ よかった～!!
わーい わーい
はは…
中国で生活する パワフルさをちょっと 体験できたひとときでした
事情を察して 笑う運転手さん

たびメモ
町のあちこちに水を売る小売店がある
○○○○飲用水行
宅配してくれる
こちらの方は引越すとまずこの水店を探したりするそう
どこのお店で水をたのもうかしら〜
牛乳を配達してもらうような感覚で、
このサイズの水を1カ月で1人1本くらい消費するそう
20ℓくらい?
どっこいしょ
ああ 素晴らしき中華料理の世界
なにを食べてももれなくうまかったです
シューマイうま〜
あ〜!!
う〜!!
あきらかにイキイキしている
テーブルに用意されたお皿やレンゲなどは最初にお茶で洗う
こう?
洗いおわったお茶入れ
ぐるぐる
消毒済みでパックされてる場合もあり
高温消毒
中華レストランでおなかいっぱい食べたあと路上BBQ店を発見
好きな串を選ぶとその場で焼いてくれる
肉、魚、野菜 きのこ、貝… いろいろ
そのへんで食べていい
もくもく
じゅ〜
おおっ
ってなわけで路上2次会
お酒はすぐ横にあるコンビニで買ってきていい
このシステム最高〜!!!
カー
ディレクターさん
ディレクターさんに借りた上着
すごく楽しい夜でした

かとうさんのロストバゲージしたスーツケースは成田空港で
無事再会
あった〜!!
どこをどうさまよっていたのかは謎…
中身も無事でした
深圳取材班の男性3人が
既婚者なため…
ディレクターさん
カメラマンさん
音声さん
女子会メンバーに評判が悪い…
既婚者が来てもな〜
中国といえば…
チンタオビール!!
TSINGTAO
青島啤酒
これは50度以上ある強いお酒
白酒《パイチュウ》!!
紅星二鍋頭
五十六度
白酒
女子会でディレクターさんとかとうさんが先に寝てしまい…
や…やばい…私が寝たら…
全滅…
わははは
なおこ大ピンチ
熨斗さんはじめ女子会でお会いしたみなさんは関西方面出身
なんでやろ思たらなし
みなさんしゃべりもめちゃくちゃおもしろい
なんか中国と関西って最強の組み合わせじゃないですか?
たくましいしおもしろいし〜
と言ったら…
いやでもまだインド人には全然かなわない!!
あの人たち8時間くらい同じ話して笑ってる!!
そ…そんなにすごいんですかインド人…
と帰国後熨斗さんにメールを送ったら…
カチャ
カチャ
私の高校の同級生が深圳で美容院を経営していて…
もしよかったら行ってみてください
RIVE GAUCHE
私その美容院に通っててその人に切ってもらってますよ!!
ええっ!?
いや〜世界は広いんだかせまいんだか!!

［その1］

荷物チェックでひっかからなかったその航空会社もすごい…。

［その2］

熨斗さんの仕事での苦労話もいろいろうかがいました
日本語教師を退職したあと…
中国で部品メーカーの会社に就職したのですが…
そこで納期の管理などを担当していたところ…
A社から1週間後に納品できるとのことです
了解〜
B社
1週間後に部品が届くのでよろしくお願いいたします
OK〜
約束の納期がまったく守られず…
A社から部品が全然届かなくて
B社から苦情が…
上司
それをきちんと納品させるのが君の仕事だ!!
はっ
それからはチェックシステムを見習してすべて自分の目できびしくチェックするようにしたそう…
しかしそれでもなかなか守られない納期…
来てるぞ〜
見てるぞ〜
あるとき納期が遅れに遅れている会社の前に立って無言の圧力をかけ続けた熨斗さん…
とはいっても暇なのでそのへんにある木とか登ったりなんかして…
よいしょっと
よいしょっ
もうすっかり夜…
ちょうどその日は12月31日…
はっ
もうすぐ年が明ける…
日本ではいま頃紅白見て…
もうすぐ除夜の鐘が…
そう思いながら新年を迎えたのが忘れられない思い出です…
うるる〜

ある大切な商談の日に部下が遅刻
いらいら
14時に来いと言ったのに!!
あとから部下をしかったところ…
あ〜すみませんてっきり…
14時に家を出ろってことかと思ってました〜
ああそうか…こんなしょうもない言い訳をさせる…
隙を与えてしまった自分がいけなかった…
と思った熨斗さん
それからはもっと細かく逃げ場のないように指示を出してるそう…
ビシッ
16時にお客さんの会社のドアの前に集合だからね!!
スキは与えない!!
とある研修で困ったときにどのカードを選ぶかというテストがあり…
相談
努力
ユーモア
我慢
信念
あきらめ
逃亡
占う
金
理解
ごまかす
どなる
笑う
保留
日本人の多くはこういうカードを選んだのだそうですが…
頑張る
信念
努力
自分が頑張る!!
中国人はこんなカードを選ぶ人が多かったのだそう
友好化
友達に助けてもらう!!
困ったときはもちつもたれつ!!
中国は友達を大切にする文化があってそういうのはすごくいいな〜と思います
ほらほらグラスが空やで〜
ははは
そういうみなさんも本当にいい仲間という感じでなんだかうらやましかったです

若者でにぎわう東門

ガヤガヤ

深圳到着〜

朝の公園で太極拳

旅のおもひで写真館

あやしげな2人組発見!!

本屋さんにて…

私の本の中国語版が売られてました

謝謝

トップの熨斗さんかっこいい〜

水会社で働くみなさん

旅のおもひで写真館

水店でキビキビ営業する熨斗さん

社長室でキビキビ働く熨斗さん

↑中国語

本場の中華料理〜!!

うぃ〜〜〜

飲茶におかゆ〜♡

ほか〜

うまい!!シュウマイ♡

……ひよえ〜

熨斗さんオススメの鳩料理

ど〜〜ん!!

酔っててあんまり覚えてないけどなんかすごいかき氷だったかな

ふら〜っと入った店で
適当にたのんだものでも
もれなくおいしい

鶏肉のなんか

パイチュウ

チンタオビール♡

はぁ〜〜〜♡

豆腐の麺料理みたいな

串の先にはエビが刺さってます

これと〜　これと〜

好きなものを焼いてもらって…

路上飲みもオツです

わ〜い

わ〜い

飲み物はとなりのコンビニで

熨斗さんがお土産にくれたうまいお茶♡

なでしこからのメッセージ

いくつになっても、
新しいドアを開ける勇気、
人生１２０％楽しもう！ というハート、
そして「きっと大丈夫！」という
根拠のない自信を持ち続けたい、
と思っています。
読み終わったとき、
海外をぐっと身近に感じて、
「これなら私も行けるかも…」と、
どこかの国と関わるきっかけに
していただければ、素晴らしいですね！

熨斗麻起子

●熨斗麻起子（のし・まきこ）可宝得環保技術有限公司 代表取締役社長

1972年奈良県生まれ。私立大学文学部日本語教育コース卒業後、中国湖南省で日本語教師となる。その後、中国深圳のプレス製造会社「富山技研有限公司」に現地駐在員として就職。02年、上司や同僚と独立し、深圳でボトル飲料水の製造販売を行う「可宝得環保技術有限公司」を立ち上げ、06年同社の代表取締役社長に就任。現在は年間約100万本を販売、年商1億3000万円クラスの企業に育て上げ、『日経WOMAN』で「ウーマン・オブ・ザ・イヤー 2011」に選ばれた。

第4話 東ティモール編
明るく ゆるく がんばって
丹羽千尋《にわちひろ》さん

東ティモールってどんなところ？

首都はディリ。小スンダ列島にあるティモール島の東半分とアタウロ島、ジャコ島、飛地オエクシで構成されている島国。公用語はテトゥン語とポルトガル語。年間を通して熱帯気候だが、蚊に刺されるとマラリアなど感染症になる危険があるので、衣類には注意が必要。1999年8月30日、国連主導の住民投票によりインドネシアの占領から解放され、02年5月20日に独立したアジアで最も新しい国。入国に当たってはビザが必要。日本からの直行便はなく、インドネシア・バリ島経由またはオーストラリア・ダーウィン経由、シンガポール経由での入国が可能。

最後に向います国は東ティモール!!
しかし東ティモールがどんな国なのかさっぱり…
そもそもどこにあるんだっけ?
インドあたり?
地図で確認してみるとこのあたり
日本
こちら側りはインドネシア領
首都ディリ
ココ
オーストラリア
思ったよりもオーストラリア寄りだ〜
でも本屋に行ってもガイドブックは見当たらず…
旅行本
東ティモール東ティモール
う〜んないなぁ〜
「東ティモールに行く」と言うとまわりの人はだいたいこんな反応…
治安大丈夫?
政治でもめてたところだよね
コーヒーがおいしいところだよね
お土産に買ってきて〜
そんなわけで出発前に得た知識はこの程度
わりとオーストラリアの近く
もめごとがあった
コーヒーがおいしい
おわり。
今回お会いするのはそんな東ティモールで日本車販売と修理を行う男性だらけの会社で働く丹《に》羽《わ》千尋《ちひろ》さんという33歳の女性
男だらけの車会社!?
うひょー
うお〜まったく想像がつかない〜
ゴォォ…
はてさて東ティモールとはどんな国なのでしょうか!!

こうしてディリの空港に到着後丹羽さんが働く会社を訪問しました
ブロロ…
すると現地の男性スタッフに囲まれている丹羽さんを発見
ウィ～ン
ガがが…
あ…あの人だよね…
想像以上に男くさ～い感じの職場です
丹羽さんの仕事はスタッフたちに指示を出したり…
あっどうもはじめまして
はじめまして～
顧客からの電話に対応したり…
現地の言葉
テトゥン語
倉庫の備品を管理したりとさまざま…
私が入社したときはこの中がぐちゃぐちゃで～
へえ～
みんながちゃんと片付けるようにラベル貼ったりしてちょっとずつ整とんしていったんです
キチン
すごいな～ 私なんて運転免許は持ってるけど車のことはさっぱり…
私なんて免許すら持ってませんよ
えっ!?
車のことはこの会社に入ってから少しずつ覚えていったのだとか
そして夜は近くのレストランで一緒に食事することに…
車のあらゆる部品

こっちの生活でなにか困ることはありますか？
そうですねー
まぁいろんなお客さんが来ますね
何語かわからない言葉で一方的にどなってくる人とか…
エンジンがかからない!!と家の鍵を持って飛び込んできた人とか…
こ…これは…
ふふっ
あと投石事件も起きてるので普段夜19時以降は出歩かないようにしてます
と…投石!?
犬がててて〜っと寄ってきたと思ったらパクッとかまれて狂犬病が心配だったり〜
一度マラリアにかかったときはちょっと寝込んじゃったりとか〜
でも大丈夫でし
ふふっ
ひ〜
びびってる→
なんだか大変そうなことをたんたんと話す丹羽さん…
と…ところでさっきから全然減ってなくないですか？
あっ私食べるのすごく遅いんですよ〜
もうなくなった
こんもり
男だけの会社で働いていると聞いて勝手に姉御肌的な豪快な人をイメージしていたのですが…
昔親に30回かめと言われたので〜
オラオラみんなついてきなー!
どうやら丹羽さんはかなり違うタイプの女性のようです

ディリの街は犬や豚が気ままに歩く
首都とは思えない素朴な雰囲気…
コンビニとかない
しかし丹羽さんがNGOから派遣されて
初めて東ティモールで暮らしたのは
ディリよりもさらに田舎の街だったそう
ディリ
ロスパロス
車で約5時間
そういうとこに暮らすことに不安やとまどいはなかったのですか?
う〜ん
まあ無人島ってわけでもないなら大丈夫かなあ〜っと
例えばお風呂なんてものもなく
水がめの水を浴びるだけで…
こんなの?
その水も苔が生えたりボウフラが
わいてることもあり…
こ…こんなの?
浴びるのと浴びないのじゃどっちが清潔かな〜と考えて 浴びたほうがいいかな〜って感じで
ふふっ
うひょ〜
まあいっか〜
じゃば
じゃば
電気も18〜0時までしか使えなかったけど暗くなると本当に星がきれいで〜
…とまるで楽しいことのように話す丹羽さん
ああでも私にそんな生活ができるか〜
そして農村部の人々の収入を向上させる支援活動を行ってたそうなのですが…
3年経って活動期間が終わったとき…
まだこの国に深く関わりたいといまの仕事を探し残ることに決めたのだとか

そんな丹羽さんの休日の楽しみはサイクリングと古着屋巡りだそうで…
これも古着屋で買ったんです～♥
丹羽さんお気に入りという古着屋さんに来てみたのですが…
…
コケコッコ～
ずらら～
なんだかすごい雰囲気
店内には大量の商品が並び…
こ…怖い…
コッコッコッ
でかい
足元は犬やにわとりがうろうろ
……あ～スカート2ドル
ドレス5ドル…
ビクッ
いた!!
店員さんはけだるそうに寝込んだまま
しかも店内蒸し暑く5分で退店
よろっ
ふ～
1時間くらいかけて全商品見て試着もして買うんです～♫
す…すごい集中力と忍耐力だな…
と思いました
そのあと丹羽さんが住む部屋におじゃまさせていただきました
長屋っぽい造り

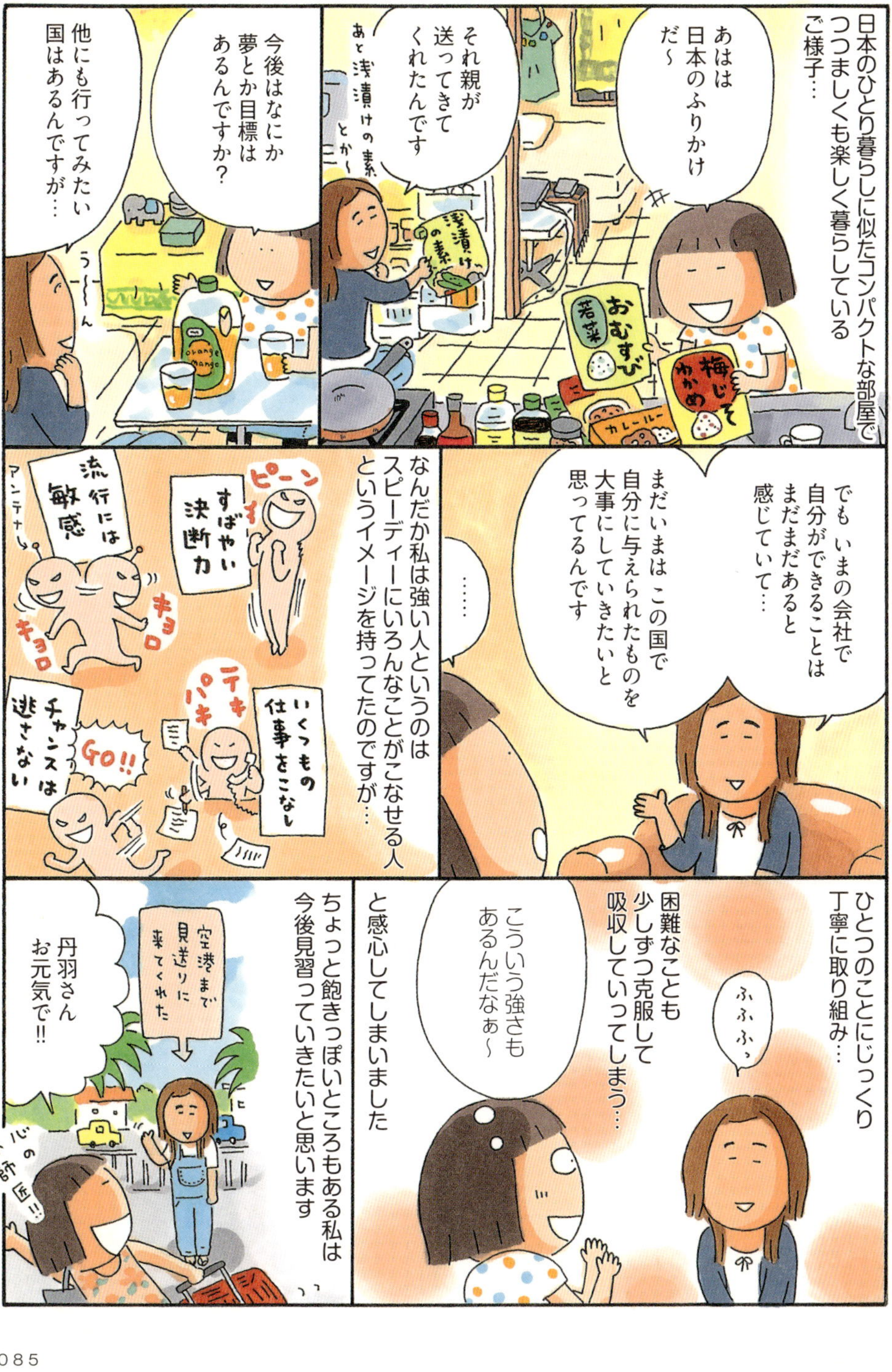
日本のひとり暮らしに似たコンパクトな部屋でつつましくも楽しく暮らしているご様子…
あはは日本のふりかけだ～
おむすび
若菜
梅じそ
わかめ
カレールー
それ親が送ってきてくれたんです
あと浅漬けの素とか～
浅漬けの素
今後はなにか夢とか目標はあるんですか？
他にも行ってみたい国はあるんですが…
う～～ん
orange mango
でも いまの会社で自分ができることはまだまだあると感じていて…
まだいまは この国で自分に与えられたものを大事にしていきたいと思ってるんです
……
なんだか私は強い人というのはスピーディーにいろんなことがこなせる人というイメージを持ってたのですが…
ピーン
すばやい決断力
流行には敏感
アンテナ
キョロ
キョロ
テキ
パキ
いくつもの仕事をこなし
チャンスは逃さない
GO!!
ひとつのことにじっくり丁寧に取り組み…
ふふふっ
困難なことも少しずつ克服していってしまう…
こういう強さもあるんだなぁ～
と感心してしまいました
ちょっと飽きっぽいところもある私は今後見習っていきたいと思います
空港まで見送りに来てくれた
丹羽さんお元気で!!
お心の師匠!!

親しみやすい雰囲気と明るい笑顔がとてもキュートな丹羽さん。

アジアでいちばん新しい国、東ティモール。自動車が急増中です。

作業中の汚れを防ぐビニール。仕事ぶりの丁寧さがうけています。

車の修理や購入に来るお客さんの接客をしている丹羽さんの職場。

「おもてなしの心」を持つ日本人マネージャー。

独立して10年目を迎えた東ティモール。丹羽《にわ》千尋《ちひろ》さんは、まだ新しいこの国の首都ディリで、日本車販売・整備会社のマネージャーとして働いています。すっかりマスターした東ティモールの公用語「テトゥン語」を武器に、接客やスタッフの管理、経理までこなします。経済成長が続く東ティモールでは、いま自動車が急増中。自動車は、人・物・金の動きを活発にして、国づくりの後押しをしていると共に、東ティモールの人々の憧れです。

丹羽さんの会社は、13名の男性スタッフを抱える東ティモール唯一の日系企業。「一生懸命仕事をしてほしいけれど、同時に楽しく仕事をしてほしい」と願う彼女が心がけているのは、気軽に話し合える雰囲気作り。東ティモール人のゆっくりしたペースに合わせながら、スタッフのやる気を引き出したいと考えています。そんな丹羽さんの思いが反映され、職場のムードはとても和やか。スタッフたちは冗談を言い合いながら、笑顔で働いています。

丹羽さんのもうひとつのモットーは、日本人ならではの「おもてなしの心」を持って働くこと。車内で作業するときは、シートが整備士の服についた油で汚れないようにビニールカバーをかけ、洗車の際は隅々まで磨き上げます。丹羽さんの親しみやすい人柄と丁寧な仕事ぶりが評判を呼び、売り上げを伸ばしてきました。

東ティモールにはマイペースな人が多い。日本人は戸惑うことも。

ポルトガルの支配、インドネシアの占領から、02 年に独立。

市場には南国らしいカラフルな果物や野菜が並んでいます。

バリ島から飛行機で２時間弱。美しい自然があちこちに残る島です。

東ティモールってどこ？ 行ってみるしかない！

丹羽さんが海外に強く興味を持ったのは、学生時代のアメリカ留学がきっかけでした。さまざまな人種や価値観に触れ、世界が広がりました。

「上智大学在学中は、社会学を専攻していて、どちらかというと紛争や政治的な側面よりも、いろいろな地域に暮らす人たちの生きざまや文化に興味がありました」

就職氷河期の中での就職活動。仕事を選べるような状況ではありませんでしたが、それでもなんとか海外に関わる仕事をと、貿易事務の仕事に就きました。しかしどうしても海外で暮らしてみたいという気持ちが高まり、2年後退職し、NGOの駐在員として海外で働くことを決意。そのとき偶然声がかかったのが、東ティモールでの仕事でした。農村でアクセサリー作りを指導して、現金収入向上の支援をすることになりました。

「最初にお話をいただいたときは、東ティモールってどこ？　って感じでした。ネットで調べても当時はまだ情報もなく、イメージが持てませんでした。これはもう、行ってみるしかないなと(笑)。最初は1年くらいの予定でしたが、実際に住んでみると、国づくりへの熱気にあふれていて、もっとこの国の人たちの生きざまを深く知りたいと思ったんです」

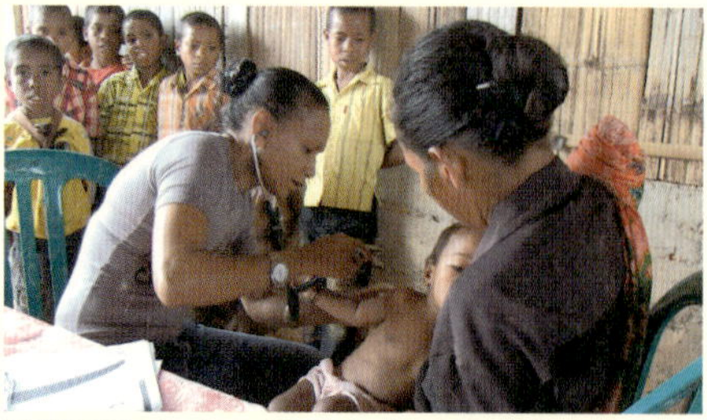

医療が充実していないこの国では、車で医者が現地に赴くのです。

ディリ郊外の道はワイルド。日本車の需要が高い理由のひとつ。

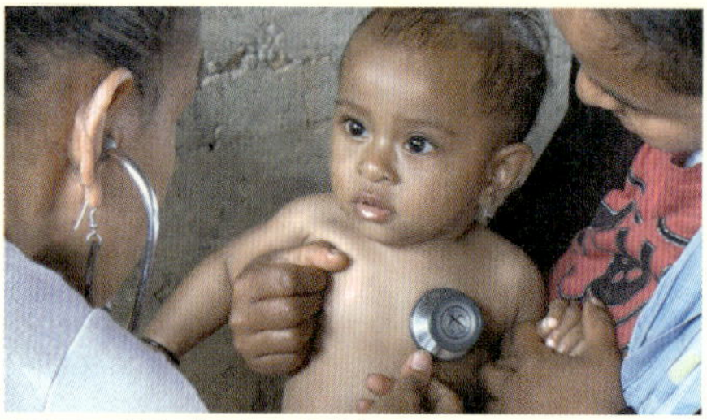

丹羽さんの会社で修理をする自動車が、乳幼児の命を陰で支えます。

月に一度のアイダさんの訪問を、首を長くして待つ村の人々。

そして3年前、語学力を買われ、いまの勤務先に誘われました。電車の通っていない東ティモールで、丹羽さんの会社が販売する自動車は、瞬く間に生活に欠かせない役割を果たすようになりました。いま彼女は「自動車」に、東ティモールの国づくりへの希望を感じています。

修理された車を引き取りに、常連客である医師のアイダさんがやってきました。彼女はNGOのメンバーとして地方での医療活動を行っています。この日アイダさんが向かうのは、首都から車で3時間ほど離れた田舎の農村。道が舗装されていないため、丈夫な4輪駆動の日本車が必要なのです。病院のないこの村では、アイダさんの月に一度の訪問診療が村人の命をつないでいます。

丹羽さんは、アイダさんのように自動車を使って東ティモール支援に従事する人たちの〝後方支援〟をしていると感じながら、自分の仕事に取り組んでいるのです。

「自動車の整備や供給がないことには、この国の発展もないと思う。国の発展に必要なことをがんばってやっていきたい」

若い人材を育て、この国を見届けたい。

全員に、仕事に対する誇りとプロ意識を持ってほしいのですが…。

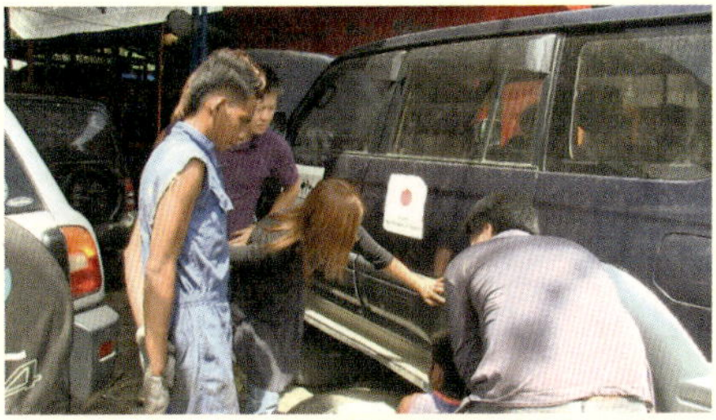
整備士を育てるのも丹羽さんの役割。紅一点で奮闘しています。

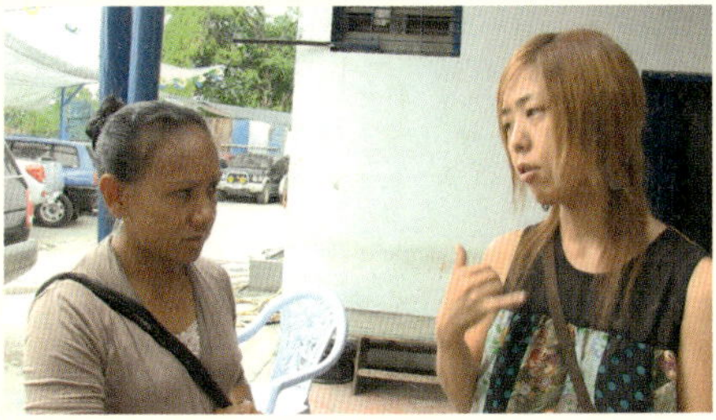
期日が来たのに修理も洗車も終わっていません。怒って当然です。

叱られてもニヤニヤ。ビセンテ君にやる気はあるのでしょうか？

丹羽さんがいま頭を悩ませているのは、自動車整備士の不足です。地元の整備士は少なく、丹羽さんの会社でも、これまでインドネシアやフィリピンからの出稼ぎ労働者に頼ってなんとかしのいできました。地元で若い整備士を育てたい。そう考えた丹羽さんは、4人の若い東ティモール人を研修生として受け入れました。試用期間は3カ月。勤務態度に問題がなければ、正社員にするつもりです。

研修生のひとり、20歳のビセンテ君は、高校卒業後、職業訓練校で自動車整備を1年間学んでいました。この会社でさらに技能を高めて、一人前の整備士になりたいと、彼は希望しています。

若者の失業率が高いこの国。ひとりでも多くの整備士を育てることが、新たな雇用の機会を生み出すことにもつながっていくのです。

ある日、丹羽さんの会社の信頼を揺るがす出来事が起きました。医師のアイダさんが修理に出していた自動車を約束の日時に引き取りに来たのですが、故障は修理されておらず、洗車も終わっていません。

もう修理代は払っているのに……と、厳しい表情で丹羽さんを責めるアイダさん。農村の人々の命を守る大切な自動車です。丹羽さんは謝罪をして、「すぐに修理します」と約束しました。

修理を担当した一人が、研修生のビセンテ君でした。プロとしての意識がなさすぎると丹羽さんが注意しても、彼は反省の色を見せず、ニヤニヤ笑ってごまかし

行動あるのみ。自ら率先して動くことでみんなの見本になれば…。

雨が降ると客足は遠のきます。好き勝手に怠ける従業員たち。

海を見ながら颯爽と走る丹羽さん。とても気持ちよさそうです。

勤務中にも関わらず、だらしなく大あくびをするビセンテ君。

ます。

普通の上司なら怒り出しそうですが、丹羽さんは「これから、がんばって」と、優しく励ましました。

職場に慣れ始めた研修生たちから、少しずつ緊張感が薄れ始めました。まだ勤務時間中なのに、雨で暇だからとサッサと帰ってしまったり、昼休みの前に仕事を切り上げ、昼食を作って食べ始めてしまったり。

これまで就職した経験のない若い研修生たちには、仕事をするうえで必要な最低限のルールすらわかっていませんでした。研修生たちに、社会人としての基本を一から身につけさせたい。そして、仕事にやりがいや誇りを感じてほしい。思い悩んだ丹羽さんは、仕事に取り組む姿勢を、身をもって研修生たちに示すことにしました。

本来は研修生の仕事である重いタイヤ運びを率先してこなし、すぐに散らかってしまう部品倉庫も、整備士に代わって整理します。丹羽さんの呼びかけに応じて、研修生たちも手伝い始めました。スタッフ全員で協力すれば、短い時間で効果が上げられると、彼らも気づいたようです。

丹羽さんの会社は日曜日が休み。昔から贅沢な暮らしには興味がなかったという丹羽さんの休日の楽しみは、サイクリングです。キラキラと水面が輝き、子どもたちが砂浜で遊ぶ海岸沿いの道を、クロスバイクに乗って走ります。街の発展や変化を肌で感じながら駆

ビセンテ君にようやく、小さなやる気の芽が出てきたようです。

お気に入りの古着屋さん。店の中は鶏もいて何とも開放的な空間。

男と汗と車だらけの職場で、しなやかな強さでがんばります！

大量にある古着の中から日本製の服を探す。ものすごい根気です！

け抜けると、仕事で疲れた心がリフレッシュされます。

お気に入りのスポットは、古着屋さん。1ドルからの手頃な価格で古着を買える店が市内に増えてきました。日本のメーカーの服を一生懸命に探します。日本製の服は洗練されたデザインはもちろん、丈夫で長持ちするのだそうです。日本を離れて、日本人の繊細で丁寧な仕事ぶりのよさがわかるようになったといいます。

「昔はこんな買い物できなかったですよ。市民の生活にゆとりが出てきたのかもしれませんね」

研修生がやってきて2カ月。仕事に誇りを持ってほしいという丹羽さんの想いが、若者たちを動かし始めました。研修生たちは、与えられた仕事だけでなく、自ら進んでベテラン整備士の指導を受けるようになったのです。仕事場の掃除も自主的にやるようになりました。

「お客様に喜んでもらえるような仕事ができて、ビジネスがうまくまわって、よいサービスを提供できる人材も育っていく。それが私にとっての喜びです」

若者たちの成長がこの国を発展させる原動力になる。丹羽さんは、東ティモールの将来に希望を感じ、もう少しこの国の成長を見届けたいと考えています。

「東ティモールでは、よい経験と共に、嫌な経験もたくさんしてきました。決して南国の楽園ではありません。ただ、ここでやるだけのことはやったと満足できるまでがんばりたいんです」

丹羽さんの笑顔が、東ティモールの青空にはじけます。

人よりよく食べ かつ すぐおなかがすいちゃう かとうさんは出発前まつださんより こんな注意を受けてたのですが…
取材先では 好きなときに食事 できないことも多いから 常に食料は買って おいて携帯する ように!!
みなさんに 迷惑をかけない ようにね!!
上司
東ティモールではすぐに 食べられるような食料を売るお店は まだまだ少なく…
野菜売り
魚売り
果物売り
水売り
ビンロウ売り
にわとり売り
コケ〜
数少ないレストランに行こうにも 夜はタクシーが走ってなく 自由に出掛けられない状況
夜は投石の 恐れがある から
でも泊まったホテルにレストランがあった ので安心していたところ…
ちょっと私は そこに寄ってから 部屋に戻りま すね
もう ひと食べ
ぐ〜
みなさんとの 夕食後さっそく おなかが減った人
すぐ つられる人
あっじゃあ私も ビールだけ飲もうかな
NO〜
えっもう フードメニュー 終了!?
ガーン
MENU
予想よりも早く 調理場がクローズして しまうことが判明
しょうがないので唯一注文できた デザートメニューをつまみにビールで 空腹を満たすかとうさん…
本当は甘い物は あまり好きではない
うう…
もぐ
もぐ
まったくビールと 合わなそうですね…
お気の毒に…
LAGER
エッグタルト×6
あの よかったらこれ おなかの足しにでも…
焼け石に水 かもですが…
ラーメン
ベビースター
日本から 持ってきた おやつ
ありがとう ございます…
しょぼ〜ん
ぐ〜
ぐ〜
もう今夜は おなかに枕を押し当てて 寝ることにします…

そして次の朝――
げっそり
おはようございます…
やせてる!!
ホテルの朝食会場がオープンするのと同時に入ってとりあえず空腹を満たしたのち…
やったー 焼きそばがあった～
もり
もり
わ～い マンゴーだ～
一番乗り
持ち歩き用のパンもちゃっかり確保するかとうさん
ハイジか
こそ
こそ
いたしかたない事情なので大目に見てください。
どうせならおかずもはさんでサンドイッチにしたらどうですか?
それもそうですね!!
わ～い チーズにベーコン
こうして東ティモールでの残り2日間はこの自作サンドイッチのおかげで無事に過ごすことができました
オリジナル弁当の完成～!!
ははは
かとうさん流 東ティモールで生きる知恵
どこかから調達してきたタッパー
でもこうやって海外で困ったことってあとで振り返ってみるとすごく印象深い出来事なんですよね
あのときのかとうさんてば～
あはは
そういうたかぎさんこそ～
ははは
ほんとどうなることかと～
どれもこれもいい思い出でーす!!

たびメモ
東ティモールに到着した直後は…
わあ犬が横切った~
あははにわとりも~
しかしいちいち驚いていられないくらいさまざまな動物が歩いてる
コッケコッコー
…
ピギャー
事故にならないのかな
そんななか道端で子犬を売ってる人も
いつもいるそう
ええっ買わなくてもそこらじゅうに歩いてる気が…
とも思いました
運転手をしてくれたアルトさんは昼間はとっても陽気なのだけど…
あっちにマンゴーが売ってた!!
ちょっと買ってくる!!
夜はテンションが低め…
P.M. 8:00
…
夜は眠いみたいで…
東ティモールの人は早寝早起き…?
東ティモールのディレクターさんが今回ディレクターの中では最年少の23歳!!
でもすごくやせていて…
おまえちゃんと食べてんのか?
東ティモール人にも心配される
丹羽さんは小6~高校まで三重県で暮らした経験あり
三重仲間~
わ~い
ふふっ
←三重県出身
海がすごくきれいだけどワニがいるからあまり泳がないそう
海にワニ!?
本当!?
東ティモールの人にとってワニは神聖な生き物だとか
島の形もなんとなくワニに似ている
だから捕獲したりしないそう

TIMOR PLAZA
いま東ティモールで
いちばんナウいスポット
ティモールプラザ!!
わっ エスカレーター!!
おぉ~
曲が流れてる…
うぉ~ エアコンが効いてる~
涼しい~
日本ではあたりまえのことに
つい驚いてしまう…
あきらかに定員オーバーの車があちこちに
ぎゅう
ぎゅう
あ… あぶない!
レストランでは魚メニューがいちばん高い
海に囲まれた国なのに魚が高級品
とれないのかとらないのか…
円羽さんとかとうさんをはさんでごはんを
食べるとなんかすごいですよ…
もぐ もぐ…
ぺろ ごっくん
がつがつ
夢のように減らない
夢のようになくなっていく
欲しいおかずを指差してもらうシステムのレストラン
これと~ あと それと~
指差しで意外に通じるもんですね…
ふと見たらかとうさんが特盛り!!
うわ~
わ~♡
私もまあけっこう欲ばりましたが…
おでんみたいなスープまで注文
ど——ん
現地の女性が織った
伝統的な柄の入った
敷きものを自分土産に買いました
すごく気に入ってま~す!!

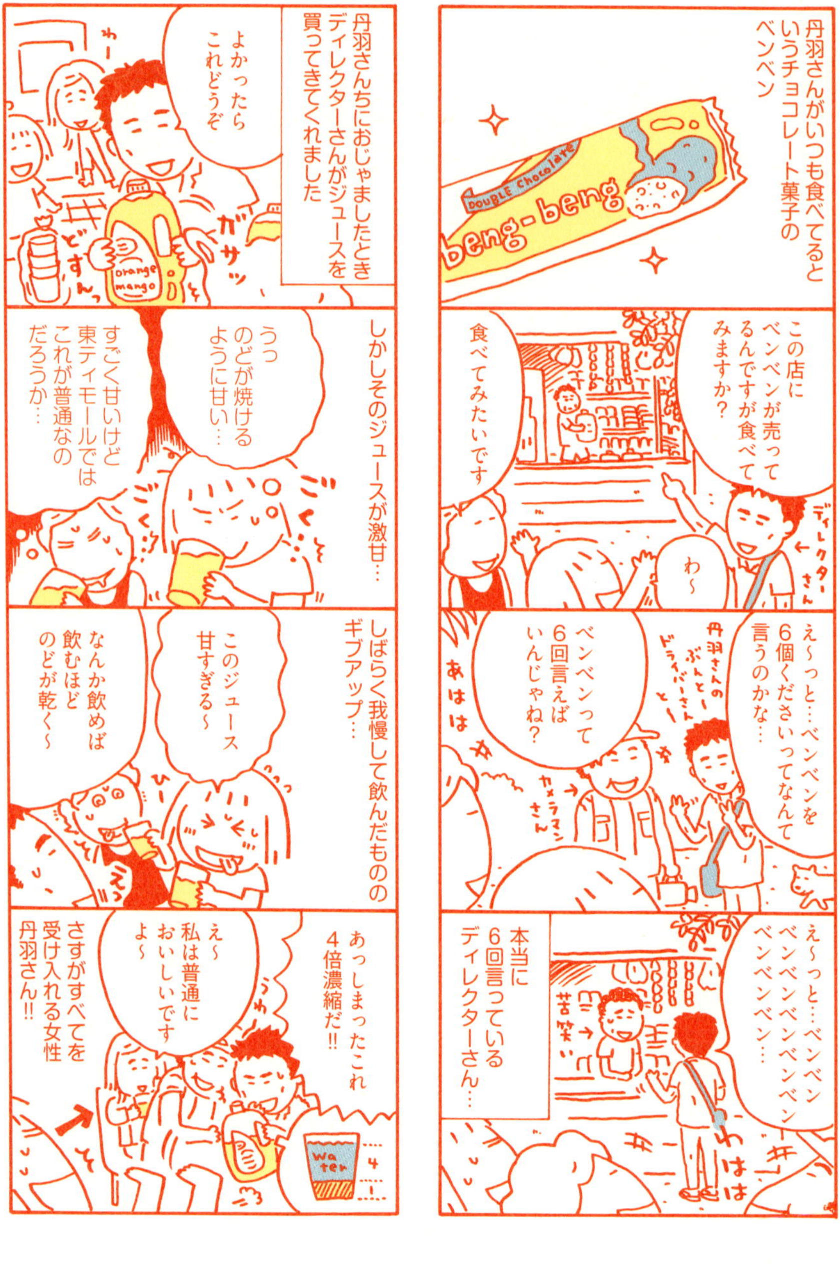
丹羽さんがいつも食べてるというチョコレート菓子のベンベン
DOUBLE Chocolate
beng-beng
この店にベンベンが売ってるんですが食べてみますか？
食べてみたいです
ディレクターさん
わ～
え～っと…ベンベンを6個くださいってなんて言うのかな…
ベンベンって6回言えばいいんじゃね？
丹羽さんのぶんとドライバーさんと
カメラマンさん
あはは
え～っと…ベンベンベンベンベンベンベンベンベンベンベンベン…
本当に6回言っているディレクターさん…
苦笑い
わははは
丹羽さんちにおじゃましたときディレクターさんがジュースを買ってきてくれました
よかったらこれどうぞ
わー
ガサッ
どすんっ
orange mango
しかしそのジュースが激甘…
うっ のどが焼けるように甘い…
すごく甘いけど東ティモールではこれが普通なのだろうか…
ごく
ごくっ
しばらく我慢して飲んだもののギブアップ…
このジュース甘すぎる～
なんか飲めば飲むほどのどが乾く～
ひー
あっしまったこれ4倍濃縮だ!!
え～私は普通においしいですよ～
さすがすべてを受け入れる女性丹羽さん!!
water
4
1

東ティモールへは
バリ島から
メルパチ航空で!!

旅のおもひで
写真館

機内食

機内食にもベンベンが!!

よくわからない
ものすごく
まずい
デザート

給食を思い出す
ソフト麺♡

そびえ建つ
ティモールプラザ!!

でもまだ
テナントは
ガラガラ…

エッグタルト
&
ビールの夜

朝食の例

落ちそうで
ヒヤヒヤ…

今回宿泊した
ホテルティモール

限りなく青い東ティモールの空と海…
ざーん
ざーん
ワニに注意!!

丹羽さんお仕事中

海をバックにはいチーズ!!

庶民的な市場の光景

魚は高級品

10ドルもする!!

ときどき道端で魚が売ってる

運転手のアルトさん

DOUBLE Chocolate
beng-beng

丹羽さんの好物♡

旅のおもひで
写真館

東ティモール名産のコーヒー

お土産向きの小さいパックは見つからず…

重い…

ブーゲンビリア
わっさ〜

インドネシア産のビンタンビール!!

ジャーン

なおこ特製プレート完成♡

これと〜
それと〜

お土産いろいろ

クロコダイルをもじってクロコディリ!!

Tシャツ

手作りせっけん

伝統的な織りもので作られた箱

せっけんギフトBOX

ワニのキーホルダー

なでしこからのメッセージ

この本を通じて、
まだほとんど知られていない、
または危険なイメージのある
東ティモールの、のんびりした
日常のようすがみなさまに
お伝えできれば嬉しく思います。
私はスタッフたちの明るく前向きな姿に
いつも助けられ、
今日までやってきました。
本書を手にとってくださったみなさまにも、
元気と笑顔をお届けできますように。
丹羽千尋

●丹羽千尋（にわ・ちひろ）日本車販売・整備会社マネージャー

1978年神奈川県生まれ。小学校6年から高校卒業まで三重県津市で過ごし、上智大学社会学科へ進学。大学在学中にアメリカ留学を経験。卒業後、三菱の子会社に就職し、貿易事務の仕事に就く。2年で退社して、05年、NGO駐在員として東ティモールへ渡航。首都ディリから車で5時間離れた田舎町でハンディクラフト生産を通じた収入向上支援活動に携わる。09年、東ティモールで日本車販売・整備を行う日系企業に就職。男性だらけの会社でマネージメント業務に従事。

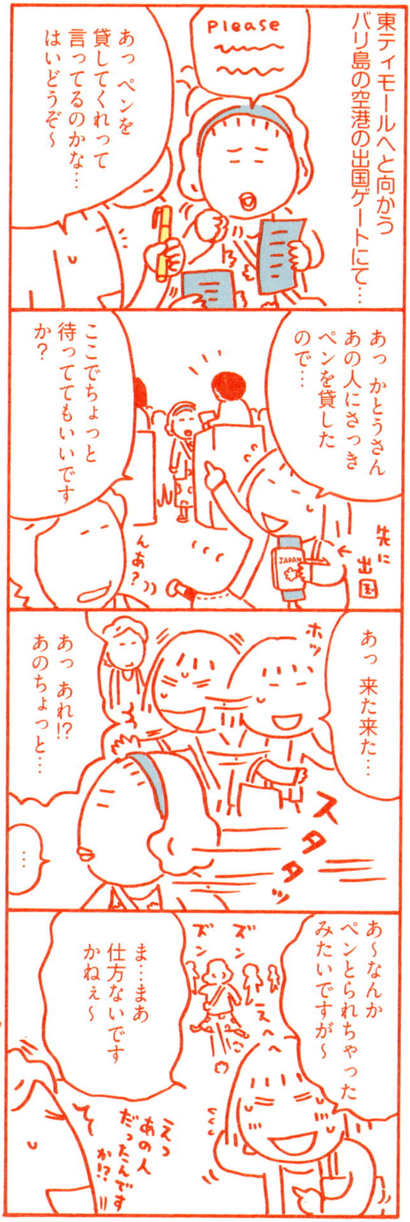
東ティモールへと向かう
バリ島の空港の出国ゲートにて…
Please
あっ ペンを
貸してくれって
言ってるのかな…
はいどうぞ～
あっ かとうさん
あの人にさっき
ペンを貸した
ので…
ここでちょっと
待っててもいいです
か?
先に出国
JAPAN
んあ?
ホッ
あっ 来た来た…
あっ あれ!?
あのちょっと…
スタタッ
…
あ～なんか
ペンとられちゃった
みたいですが～
ま…まあ
仕方ないです
かねぇ～
ズン
ズン
えへへ
えっ
あの人
だったんです
か!?

一連の私の挙動が
気が弱すぎだと
担当に笑われる
の図。
よ…
弱すぎ～
な…なんで
すかいまの
ゲラ
ゲラ
だ…だって…

4人のなでしこさんにお会いして無事日本に戻ってまいりました
12月
ぴゅうう…
JR
日本さみ～
でもホッとしたのも束の間すぐ番組のための漫画製作
あと15ページ
ひ～
ばり ばり ばり
お正月もずっと描いてた
1月
NHKさんでは撮影してきた膨大な量の影像を編集する作業が急ピッチで進められ…
ここはこうして～
ああして～
ついに迎えた放送のときには書籍編集スタッフの5人で集まって一緒に見ました
2月
女5人のテレビ鑑賞会
チャラララ～ン
アジアで花咲け! なでしこたち
わ～始まった!!
わ～!!
お～!!
ひゃ～!!
パチ パチ パチ
緊張する～
おおっ出た～
自分の絵がテレビの中でしゃべったり動いたりしてるのは嬉し恥ずかしドキドキでしたが…
失礼します
たかぎなおこです～
うひょ～見てらんない
主人公であるなでしこさんたちも当然のことながらとても緊張なさったご様子
もっともっと水をください!!
BS放送が見られる深圳の日本料理屋で見たという熨斗さん
うわ～
ドキドキ
アイロンの女性も普通の人間でしたよ
一緒に見たご友人談
テンパり気味
放送どうでしたか? 私黒かったですか?
日焼けを気にするかわいい丹羽さん
後日VTRを送ってもらって無事見ることができたそう
なんだかんだで振り返ってみるとあっという間の出来事でした

お会いする前は自分とは全然タイプの違う強い人だと思っていたみなさんもそれぞれ挫折や悩みなどいろいろあって…
最初はなかなかうまくいかなくて～
それは自分にスキがあったから～
2年くらい赤字続きで～
正直腹の立つこともあるのですが～
そんな彼女たちが今日も海の向こうでがんばってるのかと思うと心強いような気持ちです
そして日常生活の中でふっと思い出しては見習っている今日この頃…
あ～どうしよう決められない…
ビビッときてすぐ決めて!!
ぽわ～ん
ええいっもうこれに決めた!!
味玉チャーシュー塩ラーメン!!
MENU
うお～なんかすごいしかめっ面してた～
ニコ
ニコ
ぽわ～ん
笑顔笑顔～!!
ぐにっ
うう…原稿に修正依頼が…
Make More Mistake
ぽわ～ん
でも前よりもっとおもしろく描いてやる!!
ぐっ
FAX
そうだもっとよくかんで食べよう
ゆっくり
ゆっくり
ぽわ～ん
ちゃんと味わって食べ物に感謝～
もぐ
もぐ

私にしては大決心であった
今回のお仕事でしたが…
ふんぬ〜!!
思いきって決断したおかげで
たくさんの方々と出会えたし…
いろんな景色を見て
いろいろと勉強にもなって…
この仕事にたずさわれて
本当によかったな〜といまでは
心から思ってます
きっとなでしこのみなさんも
ほんの小さなきっかけとか
興味とか出会いとか…
ある日の勇気とか
行動力とか決断力とかが
どんどん積み重なって…
それが現在の活躍に
つながってるわけで…
そうやって新しい世界が
広がっていくのは素敵なこと
ですね
ぼけ〜
この本の1コマめに戻る…
これからも人生
いろんな花が咲いて
いくといいですね!!
みんなでいっぱい
花を咲かせて
いきましょう〜!!
がばっ
起きた!!

ひとりたび1年生

¥1050（税込） オールカラー

●ひとりたび初心者のたかぎなおこが、勇気を出して日本全国ひとりたびに行ってきました! 雪降る湯治宿でほっこり温泉につかったり、東京から近いはずの鎌倉で遭難しかけたり……。そんな全8旅＋描き下ろし「たびメモ」も収録。オトナの女（…）のひとりたびも、けっこう楽しいもんですよ。

ひとりたび2年生

¥1050（税込） オールカラー

●大好評! たかぎなおこのひとりたびシリーズ、第2弾! 今回は、列車泊、船泊、断食泊に挑戦しました。描き下ろしでは、石垣島2週間ステイのじっくり旅も紹介しています。1年生のころより少〜しだけ進歩した旅の様子をお楽しみください。写真もたっぷり増ページ!

愛しのローカルごはん旅

¥1155（税込） オールカラー

●旅シリーズ第3弾は、「ローカルごはん」を満喫します!
静岡では「富士宮やきそば」、名古屋では「喫茶店のモーニング」、長崎では名物「トルコライス」などなど、9都府県の43グルメを完食! 観光案内&詳細MAPもついて、満足度100%! グルメ旅はこの一冊にお任せください。

ローカル線で温泉ひとりたび

¥1155（税込） オールカラー

●旅シリーズ第4弾は、全国各地のローカル線に乗って、道後温泉や修善寺温泉、下呂温泉など18の秘湯・名湯をまわります! たかぎなおこの旅には欠かせないグルメや美味しいビールもたくさん登場。相変わらずのうっかりぶりにも目が離せません。

愛しのローカルごはん旅 もう一杯！

¥1155（税込） オールカラー

●旅シリーズ第5弾! 高知「カツオの塩たたき」、宮崎の「冷や汁」「白くま」、長野の「おやき」などなど…8県48のご当地グルメを堪のうしています。
特別編として「台湾まんぷくツアー」も収録。海外でも食い倒れ♪

「買い食いラン」
というのを開発。

マラソン1年生
マラソン2年生

各 ¥1155（税込） オールカラー

●どちらかといえば運動は苦手、とってもとっても運動不足なたかぎなおこが、なんとマラソンに挑戦! 近所の公園を走ったり、観光気分でご当地マラソンを走ります。でも何よりの楽しみは、走った後のごほうビール…♪ 憧れのホノルルで、フルマラソン完走も目指します!

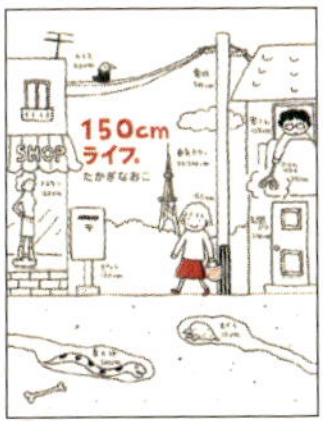

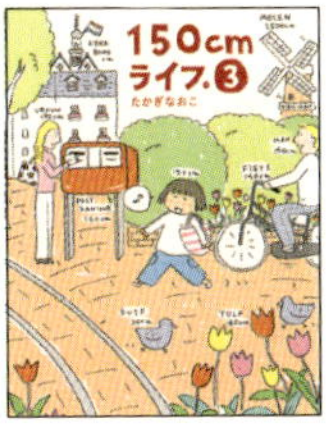

150cmライフ。①～③

①¥924（税込）②③¥998（税込）

●たかぎなおこ衝撃のデビュー作! 満員電車で溺れそう、パンツは必ずお直しが必要…。ちっちゃな頃からちっちゃかった、身長150cmの作者がつづった、ちっちゃいがゆえの悲喜こもごもシリーズ。「世の中のものは全て、ちょっと大きい」と感じる全国の女子に、圧倒的人気です。

床に足が届かない。

ひとりぐらしも5年め

¥1029（税込）

●ひとりぐらしをはじめて早5年。はじめは慣れなかったあれこれも、今や生活の一部です。「わびしく質素なつくりおきごはん」「女ひとりの丼飯屋」「へっぽこ防犯」などなど、地に足ついたくらしぶりを大公開。自由だけど、ときにせつないひとりぐらしエッセイです。

ひとりぐらしも9年め

¥1029（税込）

●9年めに突入したひとりぐらし、あらゆる面で、さらにこなれまくってます。楽しさ満載、でもちょっぴり不安も…。「念願の新聞デビュー」「しょんぼりなベランダ」「へっぽこ防犯9年め」など全15本+描き下ろし「姉妹ふたりぐらし」も収録!

上京はしたけれど。

¥998（税込）

●イラストレーターを夢見て上京したはいいけれど、気がつけばバイトに明け暮れる日々…。「私、なんのために上京したんだっけ…?」。
東京でたくましく生活するすべての若者に送る、夢をかなえるまでの日々をつづったコミックエッセイ。

30点かあさん①②

各 ¥924（税込）

●うちのおかあさんは、料理が苦手、そうじが苦手、おさいほうもすぐに飽きちゃう…。そんなトホホなかあさんだけど、のぞみとこだまにとっては大好きで、いいニオイのするかあさん!
じわっと笑えて懐かしい、たかぎなおこ初のストーリー漫画。

NHK「アジアなでしこ」取材班

ベトナム編
橋本みつ子／東孝子／皆木弘康

カンボジア編
竹野耕生／錦織直人／齋藤敦

中国深圳編
佐川豪／木内啓

東ティモール編
神津善之／宮野博明／浜田豊秀／福田忠司

アジアで花咲け！
なでしこたち

2012年4月27日　初版第1刷発行

著者　たかぎなおこ（座右の銘または好きな言葉：なんとかなる）
　　　NHK取材班
発行者　松田紀子
発行所　株式会社メディアファクトリー
〒150-0002　東京都渋谷区渋谷3-3-5　☎0570-002-001
印刷・製本　株式会社廣済堂

ブックデザイン　千葉慈子（整理整頓）
執筆協力　臼井良子（人事天命）
制作進行　阿部和史（悪銭身につかず）
印刷担当　小野寺雄治（覚悟に勝る決断なし）
用紙担当　秋山正樹（おもしろき こともなき世を おもしろく…）
校正　齋木恵津子（努力は裏切らない）
営業　遠藤良子（一石二鳥）
編集　加藤玲奈（自分の目で見たものしか信じない）
　　　松田紀子（打てば響く）

ISBN978-4-8401-4566-4 C0095

メディアファクトリーの新作コミックエッセイ!

柴犬ゴンはおじいちゃん
影山直美

愛犬ゴンは今年で14歳。人間でいうと70歳半ば。最近ではボーッとしていることや、眠っていることも多くなりました。ときどき老いを感じてドキッとするけれど、ますますかわいい愛犬との暮らしを描きます。

●税込定価 998円

イヌのプー太郎
2匹のトイプードルに牛耳られる日々。

中川いさみ

わが家にトイプードルがやって来た。家族みんなで世話をするはずが、気づけば犬たちは終日、おれの仕事場にいるようになっていた…。おかしな犬たちに振り回される日々を描きます!

●税込定価 998円

ちいさいぜ! ちょこやまくん
発見研究所

ちょこやまくんは「おちょこ」のように小さい器のサラリーマン。女子には自意識過剰、同僚には見栄っぱり、健康には神経過敏、もちろんお金にはセコい…。やたら当てはまる、男子の爆笑あるあるネタを150本以上収録!

●税込定価 700円

明日のベストセラー作家はあなたかも!?

祝!20回超え!

作品募集中

コミックエッセイプチ大賞

たくさんの受賞者がプチ大賞からデビューし、コミックエッセイ作家として活躍しています!
自分の身の回りで起こった出来事や、思わず人に伝えたくなることなど、
ぜひコミックエッセイにしてみてください。みなさんのご応募お待ちしております!

こんな作品が生まれています!

『日本人の知らない日本語』
蛇蔵&海野凪子

『あせるのはやめました。』
森下えみこ

『山登りはじめました』
鈴木ともこ

『年収150万円一家』
森川弘子

『ぽっちゃり女子のときめきDays』
いしいまき

『夢を叶える!引き寄せノート術』
卯野たまご

［賞金］

A賞 20万円

B賞 10万円

C賞 5万円

コピック賞
「コピックチャオ」12色セット
提供 .Too

［募集要項］

◉作品はA4用紙に限ります。縦・横は問いません。
◉用紙は、ケント紙、画用紙、コピー用紙など、何でもかまいません。
◉着色方法の指定はありません。カラー、モノクロも問いません。
◉作品は、必ず4枚以上でお願いします。3枚以下は審査対象外とさせていただきます。
◉作品の裏面には、郵便番号・住所・氏名(ペンネーム)・年齢・電話番号・タイトルをお書きください。
◉ご応募いただいた原稿は返却できません。
お手元に残したい方は、郵送前にコピーなどをとることをおすすめします。
◉商業的に発表したものではない個人のブログ等をのぞく、未発表・未投稿のオリジナル作品に限ります。

［締切］

◉2月末日と8月末日の年2回!
ご応募は1年中受け付けております。
詳細は下記、WEBコミックエッセイ劇場へ!

［送付先・お問い合わせ］

◉作品は、下記宛に郵送でお送りください。
〒150-0002　東京都渋谷区渋谷3-3-5
NBF渋谷イースト6階　(株)メディアファクトリー
出版事業局　コミックエッセイ編集G　プチ大賞係
Tel：03-5469-4740

話題の作品、よみほうだい!
描き方のコツもありますよ!

WEB コミックエッセイ劇場
www.comic-essay.com

おトク情報をいち早くお知らせします!
フォローしてね!

twitter
@comicessay